Les Grammairiens et la Phonétique

ou

L'ENSEIGNEMENT DES SONS DU FRANÇAIS

Depuis le XVIe siècle jusqu'à nos jours

OUVRAGES ET PUBLICATIONS DE L'AUTEUR

L'abbé Rousselot. (Revue *Modern Languages*, october 1924.)

Précis d'expérimentation phonétique. — I, *Enregistrement*; II, *Interprétation des tracés*, 1926 (chez Didier).

Recherches sur l'R d'une région du Haut-Berry, 1926 (chez Vrin).

Le groupe occlusive + nasale, 1926 (chez Vrin).

L'oreille et les sons du langage (d'après l'abbé Rousselot), 1926 (chez Vrin).

L'abbé Rousselot et la science des sons du langage. (Revue : *La Science moderne*, juin 1928.)

Méthode d'enquête dialectale : Questionnaires pratiques, 1929.

Phonétique et Chirurgie. (*Mélanges offerts à M. Chlumsky*, 1932.)

La phonétique d'une langue. (Revue des *Etudes Missionnaires*, juin 1933.)

Pour paraître :

L' « Art de parler correctement le français » depuis le XVIe siècle jusqu'à nos jours.

Cours de Prononciation française (théorique et pratique).

Les Grammairiens et la Phonétique

OU

L'ENSEIGNEMENT

DES

SONS DU FRANÇAIS

DEPUIS LE XVIe SIÈCLE JUSQU'A NOS JOURS

PAR

ADRIEN MILLET

DOCTEUR ÈS LETTRES
PROFESSEUR DE PHONÉTIQUE EXPÉRIMENTALE
A L'INSTITUT CATHOLIQUE DE PARIS

LIBRAIRIE J. MONNIER
17, RUE BRÉA, 17
PARIS (6e)

—

1933

VALEUR PHONÉTIQUE

DE QUELQUES LETTRES
ET SIGNES EMPLOYÉS DANS CE TRAVAIL

Voyelles. — Les lettres sont les mêmes qu'en français.

Accents : l'accent aigu (´) surmonte les voyelles *aiguës et fermées.*

á	é	í	ó	eú	ú
cár,	néz,	bíse,	ór,	yeúx,	rúse.

L'accent grave (`) surmonte les voyelles *graves et ouvertes.*

à	è	ò	eù	où
pâte,	père,	nòs,	soèur,	joùe.

L'absence d'accent indique une voyelle *moyenne.*

a	e	i	o	ou	e	u
m*a*d*a*me,	*ai*mable,	v*i*lle,	gr*o*ssier,	r*ou*te,	venir,	l*u*ne.

Le tilde espagnol (~) indique une voyelle *nasale.*

ã	ẽ	õ	oẽ
dans, dent,	fin, bien,	conte,	humble.

Signes : Le signe — indique une voyelle *longue.*

pār̄t, Jācques, pēre, nōrd, hōte, fōsse, cœ̄ur, nēutre, bīse.

Le signe ˘ indique une voyelle *brève.*

păttе, cĕtte, cĕdĕr, sĭte, sŏl, hŏtĕl, sĕul, mĭlle, lŭtte.

Consonnes. — Les lettres sont les mêmes qu'en français (1).

L mouillé écrit *il*, *ill*, est simplifié : *l̮*; réduit à *y*, s'écrit *y* (fille = fil̮e ou fiye).

N mouillé écrit *gn*, *ign*, *ing*, est simplifié : n̮ (digne = din̮e).

Semi-consonnes. — Dans les mots comme : *pied*, *foi*, *ouie*, *lui*, les voyelles *i*, *o*, *ou*, *u*, sont consonifiées, et écrites comme il suit :

i = y : pied, lion = pyed, lyon.
o, ou = w : foi, ouie = fwa, wie.
u = ẅ : lui, fruit = lẅi, frẅit.

Nota. — Il n'est tenu compte, pour les dénominations *ouvertes*, *fermées*, que de la capacité ou volume de la bouche, contrairement à l'usage des linguistes et des grammairiens qui considèrent tantôt la capacité, tantôt l'orifice. Il sera démontré au cours de ce travail que leurs dénominations ainsi entendues sont fausses et ambiguës.

(1) Le *genre* des consonnes varie selon les grammairiens et les lettres; sont au féminin celles dont l'épellation comporte une voyelle : *ef*, *el*, *em*, *er*, *es*, *ix*. Aujourd'hui les linguistes s'en tiennent au genre *masculin* pour toutes les consonnes, parce qu'ils sont plus attentifs au son qu'à la lettre.

LES GRAMMAIRIENS ET LA PHONÉTIQUE

INTRODUCTION

Enseigner « l'Art de parler et d'écrire correctement », telle est la tâche que la Grammaire s'est longtemps proposée, et que lui reconnaît encore l'Académie Française. Deux aspects se trouvaient ainsi envisagés : celui de la langue parlée, et celui de la langue écrite.

En se définissant simplement « l'Art de parler », c'est-à-dire « d'exprimer ses pensées par des signes », la Grammaire générale et raisonnée *de Port-Royal nous paraît dire la même chose en moins de mots, puisque ces signes sont ou bien sonores et audibles, ou bien graphiques et visibles. Mais, quels qu'ils soient, signes ou mots peuvent s'entendre soit au sens figuré, comme supports logiques de nos pensées, soit au sens propre, comme formes sonores ou écrites. Le premier sens remplit à lui seul aujourd'hui le corps de nos grammaires : il ne retiendra pas notre attention ; le second, qui a motivé la présente étude, n'est plus guère traité qu'en manière d'avant-propos : 5 petites pages sur* 238, *par exemple, lui ont été mesurées dans la* Grammaire de l'Académie Française (1). *Pourquoi cette parcimonie? Nous ne croyons ni indiscret de poser la question, ni superflu de tenter d'y répondre.*

Jusqu'au milieu du siècle dernier, les grammairiens consacrèrent à la science des sons et des lettres, autrement dit de la prononciation et de l'orthographe françaises, des chapitres et même des traités longuement développés; ils s'y attachaient à définir, dénombrer et classer nos voyelles et nos consonnes, à expliquer leur articulation et leur transcription : que, sur ce sujet, les auteurs de la Grammaire de l'Académie *aient cru devoir se conformer à une tradition récente et assurément regrettable, c'est leur droit, s'il est entendu que désormais la Grammaire borne son étude au sens figuré ou spirituel des mots; mais, de ce point de vue, la Grammaire est-elle encore tout « l'Art de parler »?*

Liberté nous est donc laissée de poser à d'autres la question laissée en suspens : de quels éléments sonores et articulés le français correct est-il constitué?

Sur ceux du français que l'on parla du XVIe *au XIX*[e] *siècle à la Cour et à la Ville, centres reconnus du « bon usage », nous interrogerons nos vieux grammairiens qui furent des témoins avertis et vigilants. Ils nous apprendront comment s'est faite peu à peu, avant que le mot*

(1) *Cette Grammaire, parue en* 1932, *a pris à bon droit le titre de* Grammaire de l'Académie Française, *puisque, nous a-t-on dit, l'Académie en vota l'adoption à une voix de majorité.*

*n'en fût inventé, la Phonétique française ; à quel point de précision, par la seule observation demandée aux yeux, à l'ouïe, au toucher, ils ont pu, au XVIII*e *siècle en particulier, pousser leur analyse et leur définition des sons de notre langue : l'oubli de leurs traditions, qui se remarque au milieu du siècle dernier, et s'explique un peu, croyons-nous, par la diffusion rapide des nouveaux principes de philologie venus de l'étranger, et plus spécialement d'Allemagne, pèse encore sur l'enseignement officiel de notre prononciation.*

Mais sur la science des sons présentement usités, c'est à des nouveaux venus que nous devons nous adresser, les phonéticiens. Ceux-ci ont en effet recueilli et repris la tâche aujourd'hui délaissée ou compromise par nos grammairiens.

*
* *

Lorsqu'on soumet à l'analyse la forme sonore d'un mot, on y découvre un certain assemblage d'éléments qui ne peuvent être dissociés eux-mêmes : ce sont les voyelles *et les* consonnes, *auxquelles le nom « d'atomes » sonores pourrait convenir* (1). *Ils constituent ce que le Père Lamy, en* 1676, *dénommait le « corps », et ce que Fromant appelait en* 1769 « *le matériel des signes de nos pensées, en quoi consiste la Mécanique des Langues* ».

(1) *Le nom de* phonèmes *leur a aussi été donné par les philologues ; il fut proposé d'abord par Dufriche-Desgenettes, et propagé par Havet* (*Cf.* Romania, 1874, *p.* 321).

En déterminer les caractères les plus distinctifs, en faire un dénombrement complet, et un classement raisonné, telle fut la tâche des grammairiens, puis des phonéticiens. Nous nous proposons de résumer, avec toute la fidélité possible, l'enseignement des plus autorisés d'entre eux au cours des quatre derniers siècles. Nous avons consulté et cité plus spécialement :

Au XVIe siècle : Sylvius (Dubois), Meigret, Peletier du Mans, E. Pasquier, Robert et Henri Estienne, Ramus, Théodore de Bèze.

Au XVIIe siècle : Du Val, Maupas, Oudin, le Père Chifflet, Lancelot, le Père Lamy, Bérain, Hindret, l'abbé de Dangeau.

Au XVIIIe siècle : l'abbé Regnier-Desmarais, le Père Buffier, Boindin, l'abbé Girard, Restaut, Dumas, l'abbé d'Olivet, Duclos, l'abbé Boulliette, l'abbé Féraud, l'abbé de Wailly, Beauzée, Demandre, l'abbé Fromant, Roche, Domergue, l'abbé de Montmignon.

Au XIXe siècle : l'abbé Lévizac, Girault-Duvivier, Napoléon Landais, Mme Dupuis, Féline, Littré, Maigne, Dictionnaire général de la L. Fr.

Au XXe siècle : F. Passy, l'abbé Rousselot, L. Roudet, M. Grammont, Martinon, Ch. Bruneau, la Grammaire de l'Académie Française.

Nous n'avons pas manqué en outre de compléter nos informations dans les ouvrages, qui s'imposaient en cette matière, de Livet, Ch. Thurot, F. Brunot, Ch. Beaulieux, Rosset...

Les deux parties de ce travail auront donc pour objet :

I. — *L'enseignement des sons de* voyelles *chez les grammairiens, du XVIe au XIXe siècle, et chez les phonéticiens, au XXe siècle.*

II. — *L'enseignement des sons de* consonnes *chez les grammairiens, du XVIe au XIXe siècle, et chez les phonéticiens, au XXe siècle.*

En ne considérant ces deux sortes de sons qu'à l'état

isolé, comme pièces détachées de la parole, les grammairiens ont été peu attentifs aux transformations résultant de leur groupement dans une syllabe, un mot, une phrase : jusqu'au milieu du siècle dernier, le concept d'une solidarité articulatoire et d'une évolution normale des sons parlés leur est demeuré à peu près étranger. Mieux aperçues ont été les modifications de ton, de durée, d'énergie vocales qui constituent l'accent ; bien qu'assez imprécis, l'enseignement dont elles furent l'objet nous a paru mériter quelque développement dans le prochain travail que nous consacrons à l' « Art de prononcer le français » selon les règles du « bon usage » depuis le XVIe siècle jusqu'à nos jours.

PREMIÈRE PARTIE

L'ENSEIGNEMENT DES SONS DE VOYELLES CHEZ LES GRAMMAIRIENS ET LES PHONÉTICIENS DEPUIS LE XVIe SIÈCLE JUSQU'A NOS JOURS

CHAPITRE PREMIER

Notions générales sur les sons de voyelles.

Les « phonèmes » qu'on appelle voyelles sont observables par divers côtés; les éléments qui les caractérisent le mieux sont d'ordre physique, physiologique, acoustique.

Du point de vue *physique*, qui est fondé, on le sait, sur l'analyse de la vibration aérienne qui frappe notre oreille et prend des formes sonores diversement nuancées, les voyelles sont regardées depuis les travaux des physiciens, et parmi eux, d'Helmoltz en premier lieu, comme des résonances ou renforcements sonores éveillés par le son fondamental et complexe du larynx, dans les cavités variables de la bouche faisant office de résonateur. Chaque résonance constitue un timbre ou voyelle, caractérisé par un ou deux sons, harmoniques ou non du ton laryngien, qui l'emportent en intensité sur les autres sons composants (1). Ce ou ces sons dominants donnent au timbre sa nuance propre, qui semble varier d'après leur rang dans la série composante : en français, les timbres types ainsi formés sont *a*, *é*, *i*, *o*, *ou*, *eu*, *u*; s'il s'ajoute aux quatre suivants *á*, *é*, *o*, *eù*, une résonance venue des fosses nasales, ils sont perçus comme nasalisés : *an*, *in*, *on*, *un* (ã, ẽ, õ, oẽ).

La note composante du son laryngien qui se trouve renforcée par le résonateur buccal d'une voyelle donnée est considérée comme la « note caractéristique » de cette voyelle; elle se superpose donc à la note soutenue par le larynx qui est celle de la voix parlant ou chantant et n'a pas de nuance sonore déterminée. Par exemple, les voyelles suivantes, émises par un Français de Paris, sur le ton de voix qui lui est normal, soit Fa_2 (174 v. d.), ont respectivement pour notes de résonance caractéristiques :

oû = La_2 (226 v.); ô = La_3 (452); â = La_4 (904);
é = La_5 (1808); î = La_6 (3616).

(1) « Le moyen le plus sûr et le plus facile de trouver la hauteur à laquelle la masse d'air buccale est accordée dans les diverses positions de la bouche, lorsqu'elle est disposée de manière à produire les différentes voyelles, est le même que celui qu'on emploie pour les bouteilles de verre et les autres cavités pleines d'air. On fait vibrer des diapasons de différentes hauteurs, et on les met devant la cavité, ici devant la bouche ouverte; plus le son du diapason est fort dans cette position, et plus il est voisin du son propre de l'air renfermé dans la bouche ». (Helmholtz : *Théorie physiologique de la musique*, traduction de Guéroult, 1868, 1874. p. 138.)

On s'est évertué à substituer à la théorie d'Helmholtz celle des cyclones de Lootens, où il s'agit plutôt de la vitesse des tourbillons aériens que de la vitesse de propagation des ondes. (Cf. Guillemin : *Génération de la voix et du timbre* : 1904.)

Les notes de ces voyelles, distantes d'une octave, caractérisent la variété grave de *â*, *o*, *ou*, et la variété aiguë de *e*, *i* : *eu*, *u* appartiennent à une gamme différente (1).

Qui n'en perçoit pas ou en perçoit incomplètement les notes caractéristiques est sourd ou demi-sourd. En vertu d'une correspondance où éclate le finalisme, les gammes entendues dépassent, aux deux extrémités inférieure et supérieure, les gammes parlées ou chantées et les gammes des résonances vocaliques :

Gammes entendues	16 à 16.000 v.d.	(ut_{-2} à Ut_9).
Gammes parlées ou chantées	87 v. à 1.044.	(Fa_1 à Ut_5).
Gammes des résonances vocaliques .	226 v. à 3.700.	(La_2 à La_6).

Ils se trompent ceux qui tiennent pour normale telle oreille, parce qu'elle perçoit les notes des sons parlés et chantés : celles-ci répondent seulement à une gamme restreinte, et n'impliquent en rien la perception des sons composants de résonance qu'elles éveillent.

Les phonéticiens ne sauraient donc souscrire à la définition de la voyelle proposée par les auteurs de la *Grammaire de l'Académie* (p. 3) : « C'est un son produit par l'air qui, sortant du larynx, fait vibrer les cordes vocales et s'échappe librement de la bouche ». Elle ne convient pas « soli definito », mais à tout grondement informe issu du larynx et librement proféré ; elle ne convient pas « toti definito », parce qu'il n'est question que du son laryngien ou ton de voix, et non pas des résonances que celui-ci excite dans les cavités supérieures. Elle pose, en outre,

(1) De toutes les voyelles définies depuis trois siècles par les grammairiens français, c'est le type *e* qui laisse percevoir le plus de variétés jusqu'au XVIIIe siècle; cela provient de ce que leurs notes de résonance s'échelonnent dans la gamme de meilleure audibilité Ut_3 à Ut_6).

comme résolu un problème encore débattu : est-ce l'air qui fait vibrer les cordes vocales, où celles-ci qui font vibrer celui-là?

Sans une certaine mise en position consciente et volontaire des cordes, nous ne disons pas des modalités de leurs mouvements qui nous échappent tout à fait, l'air expiré ne vibre pas, quelque intense qu'en soit le courant : c'est le cas du chuchotement.

Des recherches récentes permettent de penser que « les cordes vocales inférieures ne constituent pas un vibrateur libre, mais un vibrateur entretenu, qui, au surplus, cesse d'exister en tant que vibrateur dès qu'on supprime le mécanisme d'entretien (pression sous-glottique »). [R. Husson et Dr Tarneaud : *La mécanique des cordes vocales dans la phonation*, 1932, p. 16]. Par ces derniers mots, on reconnaît que le mécanisme vibrant n'est pas inerte, ni comparable en tous points aux instruments manufacturés.

Définir les voyelles par leur élément *physiologique*, c'est déterminer à quels résonateurs organiques répondent leurs résonances respectives. Or, comme tout résonateur, ceux des cavités sus-glottiques se définissent par leur capacité ou volume et par leur orifice. L'on est loin de s'entendre sur le mot et la chose ; les grammairiens et les linguistes se sont contentés jusqu'à ce jour de l'expression traditionnelle « ouverture de la bouche » ; on expliquera plus loin comment les uns y virent la cavité seule qui, selon son volume, passait pour ouverte ou fermée; les autres l'orifice pour les voyelles *o*, *ou*, *eu*, *u*, et la cavité pour les voyelles *è*, *é*, *i* ; d'autres enfin, et parmi eux des physiciens et des physiologistes, veulent qu'on ne limite pas les résonateurs vocaliques aux cavités bucco-nasales ;

en ce cas, larynx et pharynx en feraient partie intégrante (1).

S'en tenant aux organes et aux positions d'organes les plus observables de l'appareil vocal, les phonéticiens ont réussi à caractériser chaque voyelle par le jeu simultané ou la position :

Des organes de la respiration,
Des cordes vocales,
Du larynx,
De l'épiglotte,
Du voile,
De la langue,
Des mâchoires,
Des lèvres.

Les développements les plus étendus sur le rôle de chacun des organes se trouvent dans les « Principes de Phonétique Expérimentale » de l'abbé Rousselot (1901-1908); un résumé précis des mêmes études a été publié par

(1) A des résonateurs ainsi compartimentés, répondraient naturellement des centres de résonance différents : au moyen de résonateurs qui représentaient la cavité buccale, sir Richard Paget a reproduit par synthèse les voyelles en combinant deux sons, l'un plus grave, de résonance postérieure, l'autre plus aigu, de résonance antérieure (*Human Speech* ; chap. III à VI, 1922). En opérant sur l'organe lui-même, et non sa reproduction toujours imparfaite, Helmholtz nous paraît avoir mis en parfaite évidence la résonance de la cavité *la plus efficace* qui est la bouche, avec ses variations indéfinies d'orifice et de capacité grâce au jeu des lèvres et de la langue ou du voile. Dans ses *Recherches expérimentales sur le timbre des voyelles* (1928), M. Abas déduit de ses tableaux d'intensités la présence d'au moins trois centres de résonance répondant à trois sons partiels. C'est aussi l'opinion du Dr Thooris (*Le Chant Humain* : 1927, p. 234).

Roudet : « Eléments de Phonétique générale » (1910). Nous ne voulons ici relever que les données le plus souvent invoquées dans une classification des voyelles.

« Le fonctionnement du larynx varie assez avec chaque voyelle, écrit l'abbé Rousselot, pour qu'il puisse être invoqué dans une classification ». Il exécute un double mouvement : d'*élévation* progressive sur *ou*, *o*, *a*, *é*, *i* et sur *a*, *eu*, *u* (soit 17 mm. à 19 mm.) ; de *projection* sur *a*, *é*, *i* ; *a*, *eu*, *u* ; *a*, *o*, *ou*. On remarquera que l'ordre des voyelles fondé sur l'élévation de l'organe est celui de leur tonalité de résonance : *oû*, *ô*, *â*, *é*, *î*. Sont graves *ou*, *o*, *à*, *eù* ; sont aiguës *á*, *é*, *i*, *u* (Principes, p. 721) relativement à *a* moyen.

L'épiglotte change de place (1) et la glotte (2) de forme pour chaque voyelle : l'épiglotte, *redressée* pour *a*, s'*abaisse* ensuite pour *é*, *i* ; pour *o*, *ou* ; pour *eu*, *u*.

(1) M. Eijkmann observa aussi, en 1904, que l'épiglotte s'incline plus ou moins selon les voyelles émises (Cf. *English Studies* : XL, 1929). Ses mouvements sont en relation avec ceux de la langue et la contraction du pharynx qui commande l'élévation du larynx (Cf. Dr Thooris : *Le Chant Humain*, p. 217 et 220).

(2) M. Hála, assistant de M. Chlumsky au Laboratoire de Phonétique de Prague, a pu, avec M. Honty, en combinant la stroboscopie avec la cinématographie à grande vitesse (trois images pour un mouvement vibratoire de fréquence 200 p. s.) reconstituer les mouvements complexes des cordes vocales. (Cf. *Oto-laryngologia Slavica*, III, 1931, fasc. 1, Jan : La cinématographie des cordes vocales à l'aide du stroboscope et de la grande vitesse). M. Eijkmann avait constaté en 1904 les variations de l'ouverture glottique (*The Area of the Glottis in Vowels* (Op. cit. XL). S'aidant du miroir et du stroboscope, MM. R. Husson et le Dr Tarneaud ont pu observer que les cordes vocales vibrent dans le plan horizontal, et que « dans leur phase d'accolement elles entrent en contact, non seulement par leur bord libre, mais aussi sur une surface verticale dont la profondeur est normalement de 3 mm. à 6 mm. » (Op. cit., p. 24). Cette surface augmente avec la montée de la gamme. La *Technique oto-rhino-laryngologique* du Dr Escat (1921) indique les procédés d'introspection naso-pharyngienne et laryngienne (p. 25 et suiv.)

La fente de la glotte, d'après les observations du Dr Natier, « est linéaire pour *è*, *eù*, *eu*, fusiforme pour *e*, ovalaire pour *i* ». En outre, les cordes vocales sont « légèrement écartées pour *è*, un peu plus pour *é*, plus encore pour *i*; enfin, les rubans vocaux, plats pour les autres voyelles, se ramassent sur eux-mêmes et prennent la forme de cordes pour *í* ».

Pour sa part, le tracé des vibrations laryngiennes pris à même le cartilage thyroïde, présente des ondulations périodiques qui changent selon le ton, la voyelle et la consonne émises (1); il démontre indirectement que la glotte et les muscles qui interviennent imposent un régime de sortie varié au souffle phonateur. Enfin, il traduit de façon objective les formes organiques de l'accent : la fréquence à la seconde des ébranlements vibratoires, leur durée pour un phonème donné, leur amplitude. Celui du souffle reçu au sortir de la bouche sur une membrane sensible traduit les mêmes faits en concordance parfaite, et rend possible, en outre, une appréciation de la vitesse et du débit moyen ou total de l'air expulsé. Le souffle ainsi reçu au sortir des narines inscrit la nasalité et ses formes variées. (Cf. notre *Précis d'expérimentation phonétique*, p. 104.)

Il y a résonance nasale quand le courant d'air sort à la fois par la bouche et le nez : le voile du palais est l'organe qui *ouvre* ou *ferme*, avec le concours de certains muscles du pharynx et de l'arrière-bouche, l'un et l'autre

(1) La présence dans le tracé laryngien d'harmoniques qui se retrouvent dans celui du souffle sonore issu de la bouche et du nez invita l'abbé Rousselot à penser que la vibration laryngienne n'est pas celle d'un son simple et qu'elle « est modifiée par les résonances de la bouche se propageant par les tissus ». Il conclut que « bien que l'on puisse expérimentalement reproduire à peu près les différentes voyelles avec un même composé sonore excitateur, nous devons admettre que la voyelle existe déjà dans la vibration laryngienne ». (*Principes*, p. 731).

passage. Son rôle est essentiel dans la répartition des voyelles orales et nasales; gêné dans son jeu, il provoque le nasonnement ou les sons nasillards.

A la suite de Czermak, Passavant, Weeks et Brücke, le Dr Natier observa que le voile s'élève progressivement, la luette se rapprochant de la paroi pharyngienne, dans les séries *a, é, i*; *a, eu, u*; *a, o, ou*. Dans le même temps, les piliers *s'écartent* sur *a, é, i*, se *rapprochent* sur *a, o, ou*; *a, eu, u* (1).

Les radiographies de MM. Polland et Hála permettent des observations concordantes; « dans la prononciation étudiée, disent les auteurs, le voile du palais ferme la voie nasale pour toutes les voyelles (chez le sujet tchèque observé), excepté *a*, et pour toutes les consonnes, excepté les nasales et *H* sonore ». En outre « l'élévation du voile du palais varie suivant les sons; elle va en croissant dans la série *a, é, o, u, i* pour les voyelles. (*Les radiographies de l'articulation des sons tchèques*, 1926, p. 38).

Le tracé du souffle nasal (2) indique à son tour si le passage est ouvert, en quelle proportion, combien de temps, et quel degré de résonance nasale en résulte. L'abbé Rousselot s'est préoccupé de déterminer la note caractéristique dont la présence et la prédominance créent le

(1) La sensation de ce rapprochement étant bien nette quand on passe de *a* clair à *a* sombre, l'on est conduit à considérer celui-ci comme plus fermé que le premier. Or, sa cavité est pourtant plus grande.

(2) Des recherches analogues sur le rôle du voile et le timbre nasal ont été entreprises et relatées par H. Gutzmann, d'abord au Congrès de laryngologie de Berlin (1911) avec la collaboration du Dr Struycken de Bréda, puis dans un travail : *Recherches sur ce qui constitue la nasalité* : (Archiv. für Laryngologie und Rhinologie, t. XXVII, fasc. I, 1913). Il distingue après Grützner la voix nasale et la voix nasillée, et découvre par le calcul que la cavité nasale renforce des notes composantes supérieures situées entre mi_5 et si_5; résultats qui concordent avec ceux de l'abbé Rousselot qui propose Ut_5 (1050 v.) [Cf. *Phonétique expérimentale et Surdité*, 1903, p. 89].

timbre nasal ; elle répondrait au septième son composant.

De ce que le souffle sonore s'écoule par le nez, il ne s'ensuit pas qu'il y ait toujours résonance nasale : les voyelles orales comportent en effet un souffle nasal croissant de *a* à *i*, à *u*, à *ou* (Cf. *Principes*, p. 716) et d'autant plus que l'on ressent davantage de fatigue (1).

Leur nasalisation commence par être inconsciente; elle débute normalement sur la voyelle *a* dont l'abaissement vélaire est le plus marqué : cette voyelle fut la première nasalisée en roman; puis ce furent les voyelles *è*, *é*, *o*, *eù*.

En se mouvant sous la voûte palatine, la langue fait varier le *volume* de la cavité de la bouche, en même temps que les lèvres en font varier l'*orifice* : il en résulte une infinité de résonateurs auxquels répondent autant de résonances, qui ne sont cependant distinctes à l'oreille que si leurs nuances, c'est-à-dire leurs notes caractéristiques, sont assez espacées.

La langue se déplace en tous sens ; mais l'on a observé que les déplacements se font surtout, au cours de l'émission des voyelles, dans le sens *vertical* et dans le sens *horizontal*, la position neutre de *a* étant à la base. Verticalement, elle s'élève vers la voûte du palais par sa racine, par son milieu, et par sa pointe ; horizontalement, elle s'avance vers les dents, ou se retire vers le voile. Les voyelles ainsi provoquées sont dites *postérieures* quand le déplacement lingual est en arrière, *médiales* quand

(1) Les troubles phonétiques résultant du fonctionnement imparfait du voile et des organes pharyngiens ont été clairement déterminés par Mme S. Borel, assistante du Dr Veau. (Cf. *Etude physiologique de la phonation dans les divisions palatines*, p. 484; partie III de l'ouvrage du Dr Veau : *Division palatine*, 1931).

il est au milieu, *antérieures* quand il est en avant (1).

Sont *postérieures*	à, ó, o, ò, ou, où (labialisées).
Sont *antérieures*	á, è, e, é, i, í (non labialisées).
—	eù, eu, eú, u, ú (labialisées).
Sont *médianes*	oë bulgare ; y russe, suédois ; î roumain.

L'abbé Rousselot a constaté que, chez lui, les déplacements de la langue, depuis les dents jusqu'au voile, sont de 5 mm. pour chaque voyelle. (Pr. p. 648).

í	i	é	e	è	á	a	à	ó	o	ò	ou	où
20	25	30	35	40	45	50	55	60	65	70	75	80

Quand la racine de la langue se soulève (postérieures), la pointe s'abaisse ; quand la pointe s'élève (antérieures), la racine s'abaisse, et le voile s'élève.

Il est clair que pour obtenir les mêmes résonances, deux bouches différentes demanderont des déplacements d'amplitude différente ; mais le résonateur buccal est d'une sensibilité telle que le moindre déplacement d'organe change la nuance sonore. En ce cas, la voyelle devient *complexe*, et il en résulte, par segmentation, une diphtongue, ou même une triphtongue.

(1) Cette classification a été d'abord proposée par l'Anglais Bell (*Visible Speech* : 1867), et mise au point par Sweet (1877). Bell distingue en outre, dans le sens *vertical*, les positions *haute*, *moyenne*, *basse*, et la forme *arrondie* ou *non arrondie* par le jeu des lèvres : en fait, aucune langue ne possède les séries complètes. Mais cette classification permit de déterminer les voyelles mixtes françaises (*eu*, *u*) qui sont à la fois antérieures et arrondies. On trouve des postérieures non arrondies en chinois.

Les radiographies de MM. Polland et Hála ont permis une observation sûre des positions de la langue pour chaque voyelle ; ce dernier a pu obtenir aussi, avec la cinématographie, cent vingt images à la seconde des mouvements des lèvres au cours d'émissions vocales variées. (Cf. *Mélanges*, offerts à M. Chlumsky, 1931, p. 30.)

L'écartement des mâchoires est généralement en relation avec les mouvements de la langue et des lèvres : il varie, remarque l'abbé Rousselot, suivant les pays et aussi suivant les sujets; par exemple dans les pays froids, l'écartement est moindre. C'est le maxillaire inférieur qui exécute les mouvements l'un de *bas en haut*, l'autre d'*arrière en avant* (1).

Il s'élève progressivement avec : a, è, é, i; a, eu, u; a, o, ou. Ces séries répondent à celles du larynx et de la langue.

Le jeu des lèvres règle l'aire de l'orifice buccal : il n'est pas moins important que celui de la langue dont il est synchronique. En se fermant, l'orifice rend le résonateur de la bouche plus grave, quand on émet *i*, *é*, *a*, *o*, *ou* (série primaire); plus aigu, quand on émet *eu*, *u* (série secondaire) (2).

Les lèvres exécutent deux mouvements : l'un de *rapprochement*, l'autre de *projection* et *d'arrondissement* : le français utilise l'un et l'autre; l'anglais, le chinois recourent surtout au premier. La projection et l'arrondissement, qui vont de pair, caractérisent bien les voyelles dites arrondies : ce sont les postérieures, *o*, *ou*, et leurs variétés; les mixtes : *eu*, *u*, et leurs variétés.

(1) En comparant les mesures prises par Grandgent pour les voyelles anglo-américaines, et par M. Eijkmann pour les hollandaises, l'abbé Rousselot a trouvé les rapports suivants : français : *a* = 20 mm., *o* = 13 mm., *ou* = 10,5 mm.; anglais : *a* = 7 mm., *o* = 4,5 mm., *ou* = 3,4 mm.; hollandais : *a* = 8,75 mm., *o* = 5,5 mm., *ou* = 2,25 mm. (*Principes* : p. 708).

(2) Esquissée par l'abbé Rousselot (*Revue de Phonétique* : I, 1911), la théorie des résonateurs de la bouche a besoin d'être mise au point; nous comptons y apporter prochainement notre contribution, en nous fondant sur des expériences nouvelles.

Tels sont les principaux critères organiques des résonances ou timbres vocaliques.

L'élément *acoustique* est le troisième, et le plus accessible : il est fondé sur la perception des nuances propres à chaque résonance vocalique, perception rendue possible par la sensibilité de l'appareil auditif aux formes d'ébranlement aérien qui caractérisent ces résonances. C'est ainsi que les formes organiques, ou aériennes, de ces ébranlements :

Fréquence à la seconde . . .	devient : hauteur musicale, ou ton.
Amplitude	devient : intensité acoustique.
Durée	devient : quantité.

Y a-t-il correspondance parfaite entre ces éléments objectifs et les subjectifs, entre la cause de la sensation sonore et son effet? De nombreux travaux ont été entrepris pour apprécier ou contrôler l'objectivité de la perception auditive; mais la fonction de l'ouïe est des plus difficile à déterminer (1). Il est démontré en outre que si l'ouïe est plus sensible que n'importe quel instrument, elle est, en tant qu'organe vivant, sous la dépendance de l'activité vitale tout entière : santé, hygiène, moral, physique, et des agents qui peuvent l'influencer. Très sensible aux nuances du langage qui lui est familier, elle est, quand l'intérêt est éveillé, d'une incroyable complaisance; mais, elle se comporte comme une oreille anormale à l'égard des sons d'une langue étrangère (2).

(1) Ce sont les travaux de la Psychologie Expérimentale, fondés sur l'analyse précise des faits physiques (excitations vibratoires ou stimuli) et des faits de réceptivité sensorielle (réactions nerveuses et musculaires aux stimuli) qui nous paraissent les plus aptes à résoudre la question (Cf. : les *Recherches* de L. Lapicque sur les lois de l'excitabilité nerveuse, les faits de *Chronaxie* du Dr Bourguignon, les Cours de M. Piéron au Collège de France sur la *Physiologie de l'oreille*, la thèse de M. Kucharski : *Recherches sur l'excitabilité auditive en fonction du temps* : 1928).

(2) Après Bezold et Urbantschitch, avant Quix et Zwardemaker, l'abbé

Les modalités sonores de la perception des voyelles sont les suivantes :

La clarté	d'où les voyelles claires et sombres.
La force ou intensité	d'où les voyelles fortes et douces.
La quantité.	d'où les brèves et les longues.
L'acuité de la résonance . . .	d'où les graves et les aiguës.
La simplicité du son.	d'où les simples et les complexes.
La pureté.	d'où les pures et les nasales.
L'intonation.	d'où l'accent tonique.

Tels étant les éléments appelés à caractériser les sons des voyelles, voyons ceux d'entre eux qu'ont invoqués les grammairiens qui représentèrent la phonétique française du XVIe au XIXe siècle (1).

Rousselot a établi des champs auditifs de l'oreille normale et anormale en fonction de la distance d'audition, de la durée, de l'intensité physique. (Cf. *Parole* : 1903, et *Principes* : 1908, II, p. 989 à 1087.)

(1) Quand ils rapportent l'enseignement des grammairiens du XVIIe et du XVIIIe siècles sur les voyelles dénommées *ouvertes* et *fermées*, les auteurs modernes ne prennent point toujours garde au sens de ces expressions qui a varié suivant les époques et les grammairiens. Ce fait n'a point échappé à Ch. Thurot qui ne lui a pourtant pas donné le relief désirable; de plus, il n'est pas sûr qu'il n'ait pas confondu quelquefois *l'acuité* de la résonance vocalique avec *l'accent tonique*, bien qu'il préfère les dénominations d'*aigu* et de *grave* à celles d'*ouvert* et de *fermé*. (*De la Prononciation française* : I, p. 243, et 1, note 2.)

CHAPITRE II

L'enseignement des sons de voyelles au XVIe siècle

Une chose frappe tout d'abord; c'est le désaccord des grammairiens et leurs discussions sur le dénombrement et la classification des valeurs vocaliques de certaines lettres : *e*, *au*, *eu*, *oi*, *in*, *en*... A cela, il y eut plusieurs raisons tirées soit de l'audition, soit de l'écriture. Duclos signale très justement l'une d'elles : « Les grammairiens reconoissent plus ou moins de sons dans une langue, selon qu'ils ont l'oreille plus ou moins sensible, et qu'ils sont plus ou moins capables de s'afranchir du préjugé ». (Remarques à la grammaire de Port Royal : 1754) (1). Le P. Chifflet, Hindret, R. Desmarais, d'Olivet, ont déjà pressenti que l'oreille n'est bon juge que des sons de son parler : « De sorte, écrit Desmarais, qu'un Lyonnois et un Manceau (il désigne Meigret et Peletier du Mans) qui se reprochent l'un à l'autre dans leurs ouvrages la prononciation vicieuse de leur pays, se donnèrent d'eux-

(1) L'édition consultée est celle de la *Grammaire générale et raisonnée* de 1780; p. 6.

mesmes la mission de reformer l'orthographe françoise en la conformant à leur prononciation » (Traité de la grammaire française : 1706, p. 73).

Enfin, remarque encore Duclos, « notre ortografe est si vicieuse, qu'il n'y faut avoir aucun égard en parlant des sons de la langue; on ne doit consulter que l'oreille » (op. cit , p. 8). C'est pour avoir eu égard à l'écriture que Ramus, Dangeau, et bien d'autres, ont vu dans *au* autre chose que *ó*; dans l'*e* dit muet et sourd quand il est prononcé, autre chose que le son écrit *eu*; *ou eu*, *oeu*, *aim*... sont encore dénommés diphtongues en considération de leur écriture; jusqu'à Peletier (Dialogue : 1555), le son nasal de *en* passa pour être distinct de celui de *an*, bien qu'il fût confondu avec lui depuis le XIe siècle. Jusqu'au milieu du XVIe, sous le nom d'*e* masculin, furent semblablement traitées ses valeurs fermées et ouvertes, marquées du même accent qui désignait en grec le ton aigu; l'accent du ton grave marqua chez beaucoup d'auteurs l'*e* féminin ou muet, jusqu'à ce que Corneille, en 1660, l'eût affecté à l'*e* ouvert. Pour tout dire, en considérant les grammairiens qui ont traité des sons du français, l'on ne peut s'empêcher d'appliquer à la plupart d'entre eux la remarque de Desmarais qui n'en visait que deux : ils représentent en effet les provinces les plus diverses.

Quoi d'étonnant, dès lors, que le dénombrement des voyelles fût différent, nous ne disons pas d'un siècle à l'autre, mais d'un auteur à l'autre dans le même siècle.

Au XVIe siècle, les Humanistes, on s'en doute, préoccupés de renouveler l'enseignement de la grammaire, s'inspirèrent de la définition et du dénombrement des voyelles proposés par les grecs, et adaptés tant bien que mal au latin par les grammairiens du IVe siècle.

Longtemps avant eux, cependant, il avait été fait appel à l'enseignement de ces grammairiens : une « Grammaire latine inédite », extraite de manuscrits du XIIIe siècle par Fierville (1886), emprunte à Priscien une définition de la voyelle : « Littera est vox individua que scribi potest » ; il y en a cinq : *a*, *e*, *i*, *o*, *u* (1).

D'après l'exposé très objectif qu'en donne Roudet (2), les voyelles grecques (φωνήεντα) sont des sons indivisibles comme les consonnes : « elles peuvent se prononcer seules et former une syllabe, soit seules, soit en combinaison avec d'autres éléments », c'est-à-dire les consonnes (σύμφωνα). Elles sont au nombre de 7 : η, ω, ε, ο, α, ι, υ ; les unes sont brèves (ε, ο), les autres longues (η, ω), les autres neutres (α, ι, υ).

Leur distinction simplement acoustique porte donc sur deux aspects :

a) Celui du *timbre*, où les voyelles se distinguent par leurs nuances sonores ;

b) Celui de la *durée*, superposé au premier, mais traduisant en fait, aussi bien des différences sonores que des différences de durée : confusion regrettable qui a per-

(1) Un essai de dénombrement des voyelles parlées en français au XIe siècle a été tenté par M. J. Weerenbeck, d'après les assonances de la *Chanson de Saint-Alexis* : il y en aurait eu 9 : *a*, *è*, *é*, *i*, *ò*, *ü*, *ou*, *eù*, *e* muet, et la nasale *an* (Communication faite au Congrès d'Amsterdam : juillet 1932, p. 161, n° 35). Gaston Paris en dénombre aussi 9 dans ses *Extraits de la Chanson de Roland* (3e édition 1891) : *e* féminin, *o* ouvert (sotte), *o* fermé (côte), *ou*, *ü*, *a*, *è*, *é*, *i* et *an*.

(2) *Eléments de Phonétique générale*, p. 66.

sisté jusqu'à nos jours, chez les grammairiens qui ne s'appliquent point à distinguer par l'oreille le son propre d'une voyelle de ce qui la modifie en durée sans la transformer. L'on notera que Duclos faisait la distinction : « L'aigu et le grave, disait-il en parlant du ton de la résonance vocalique, difèrent par le son, indépendament de leur quantité » (op. cit., p. 9).

Dans son « Isagωgè » (1531), Sylvius (Dubois) tente de retrouver dans les sons du latin ceux du français; il énumère 6 voyelles, d'après les caractères latins : *a*, *e*, *i*, *o*, *u*, et *y* grec.

La forme prise par la bouche et son orifice sert à déterminer les *a*, *u*, *o* : « *a* ore largiter diducto profertur »; « *u* ore in angustũ clauso, et labiis paululum exporrectis »; « *o* diductiore rictu pronuntiandus est quam *u* ». Quant aux *e*, *i*, qui sont au milieu de la série, ils résultent d'une ouverture de bouche « semper minus et minus diducto ». Ce sont en fait les expressions employées par les grammairiens latins, Charisius, Terentius Scaurus, Priscien, Consentius ..; elles représentent un essai de notation physiologique. Par les expressions également latines « plenum, exilem », Sylvius essaie de caractériser les nuances de nos *e*, alors distingués en « masculin » : « *e* sonum habens plenum » (charité); et « féminin » : « *e* sonum habens exilem » (gracè). Il n'est pas question ici de l'*e* ouvert, mais de l'*e* muet, appelé féminin et sourd, que quelques auteurs surmontaient d'un accent grave.

Le lyonnais Loys Meigret annonce, dans son « Tretté de la Grammère françoeze » (1550), un progrès dans la définition et la classification des voyelles écrites *e*, *o*, quand il considère leur *degré d'ouverture organique*, et par là-même leur aspect physiologique, sans invoquer les témoignages des Anciens.

En effet il note que l'*e* masculin ou féminin (car il confond l'un et l'autre sous le nom d'*e* commun), est ou bien « clos » (bonté, bonne), ou bien « ouvert » soit masculin (etre, bete, bonnes), soit féminin selon lui (mes, tes, ses, les, bonnet), « duquel la prononciation est entre *a* et *e* ». Mais, par suite d'un illogisme qui ne lui est pas propre, il considère non plus la langue (cavité), mais les lèvres (orifice) pour l'*o*, et dénomme « ouvert » celui de corps, « clos » celui de hoste [Cf. : Rousselot : *Revue de Phonétique*, I, 1911, p. 25].

Il demande aussi à *l'oreille* la distinction des sons de voyelles : « Quãt ao' voyelles je trouue qe la lange Frãçoez' en a juqes ao nombre de set, si diuerses entr'elles, qe l'une ne peut étre prononçée pour l'aotre, sans manifest' offense de l'orelle ». En voici le tableau (p. 15) :

a	o ouvert.
e ouvert (mes, tes, ses, vert) .	ou clós.
e clós	u.
i latin	y grec, de méme puissance que l'i.

On ne peut proférer, ajoute-t-il, *e* clos pour *e* ouvert, ni *ou* clos pour *o* ouvert, malgré leur affinité : « ny ne nous sera loezible de pronõcer *trop* comme *troupe*, ne *tort* come *tour* ». C'est là une émancipation vis-à-vis de la lettre qui est méritoire. A propos de l'*ou* clos (« aotrement ne l'oze je noter »), comprenons qu'il est à l'*o* ouvert ce que l'*e* clos est à l'*e* ouvert; mais cet *o* était prononcé *ou* dans presque tous les mots, et il n'avait pas encore reçu d'accent comme les *e* (1).

« J'uze de ou pour l'o clous, écrit-il dans le *Menteur* (1548), n'ayant ozé fêre qelqe nouuèle inuèncion pour la diuèrse pronõciation qe noue auons de l'o ètant qelqe foès prononcé *clous*, come en amour, pour, jour, è en assès d'aotres infiniz : è qelqe toutefois nous n'uzons pas tousiours de l'ou, come en composicion, propos.

(1) Thurot constate que Meigret, en distinguant deux *o*, « s'écartait de l'usage ». (*De la Prononciation française, depuis le commencement du XVI*e *siècle*, 1901, I, p. 241.)

Qelqe foès, aosi il se prononce *ouuèrt*, come en fort, port, mort, fol ». (Cf. Thurot : I. 241.)

Dans son « Dialogue » (édition de 1555), Peletier, du Mans, où la prononciation n'était pas la même qu'à Lyon, reprend Meigret pour avoir confondu *e* masculin fermé et *e* féminin muet, et pour avoir noté comme ouverts des *e* que, d'après son parler, lui-même tient pour fermés : tels ceux de « naguere, pourtraire, contrere, necessere » que les Parisiens prononçaient alors ouverts. Du moins a-t-il le mérite de donner à la perception de l'*e* ouvert un qualificatif nouveau, « e cler », qui s'oppose ainsi, sans confusion possible, à celui de « e sourd ».

Baïf, dans sa « Traductions des Psaumes », d'après M. Beaulieux (Histoire de l'orthographe française, 1927, p. 262), distingue trois *e* : l'*e* féminin qu'il appelle « e brief », l'e fermé qu'il appelle « commun », l'*e* ouvert qu'il appelle « long ».

L'on sait que, voulant introduire en français les vers mesurés des anciens, il dut affecter aux syllabes une quantité déterminée; d'où sa dénomination des voyelles sous l'aspect de la durée longue, ou brève, ou ambiguë, des Grecs et des Latins. Si la poétique de Baïf n'eut pas de succès hors de son siècle, du moins les termes « longues, brèves », attachés aux voyelles, furent retenus, et caractérisèrent plus tard un aspect nouveau de leur détermination acoustique; ils se rencontrent aussi chez R. Estienne.

E. Pasquier nous paraît avoir eu le sentiment d'une tonalité aiguë ou grave des voyelles, si l'on prend à la lettre les termes dont il se sert pour caractériser les trois nuances des *e* masculins :

« En la dernière syllabe de *René* vous y voyez un son : vsez maintenant de ce mot *cet* pour dire : cet homme a fait cela; vous y cognoissez vn autre air; passez à ce mot de *c'est*, comme quand nous disons : c'est vn très grand homme de bien, il y en a vn beaucoup plus eslevé qu'aux deux autres. » (Cf. Beaulieux, op. cit., p. 263). Reconnaissons que, pour la première fois, à notre jugement, une détermination très nette est proposée des trois valeurs de l'*e* masculin à Paris : *e* fermé, *e* moyen, *e* ouvert; il ne semble pas qu'elles aient beaucoup varié depuis.

Robert Estienne, qui est aussi de Paris, prononce et admet les *e* de Pasquier; il dit dans sa « Grammaire » (1557) que le premier *e* de *Peler*, le second de *amener*, *appeler*, sont « briefs et courts », que le second de *Pele*, le premier de *celle*, *eslever*, *esbattre*, *amere*, *commettre*, sont « longs ». Ce sont les dénominations de Baïf fondées sur la perception des durées et attribuées à l'*e* féminin ou masculin, que de Bèze étendra à toutes les voyelles.

Il est intéressant de retrouver l'expression de Pasquier, appliquée cette fois, avec plus de raison, à l'*é* fermé : « quand il est en la fin, il se prononce aussi diuersement : aucunes fois d'un son long et eslevé, comme *aimé* ». Ses principes d'écriture nous autorisent à dire qu'il prononçait avec un *e* cler, comme *ai*, « telle, celle, chandelle, allumette, brunette; mes tes, ses ces proces, pres, expres, tres, avec *s* prononcé; tristesse, liesse » où le son en est bref et non long d'après Pasquier, et avec un *e* clos dans « frere, pere, mere, eschele. » (Cf. Beaulieux, op. cit., p. 264).

La « Grammaire » de Ramus (1562 et 1572) définit ainsi la lettre : « C'est ung son indiuisible, comme en ce mot, *Bon*, il y a trois lettres, b, o, n ». Puis elle définit la voyelle : « C'est une lettre qui par soy peult faire ung son entier ». Elle oppose les « ouvertes », *a*, *au*, *e* féminin, *e* clos masculin, *e* ouvert, *eu*, *i*, aux « arrondies » *o*, *ou*, *u*. Il est malaisé de reconnaître à l'*au* le caractère qui convient aux « ouvertes » *e*, *i* : Duclos prétend que Ramus avait eu égard à l'écriture et non au son ; ne pourrait-on penser que ce son grave de *o* (autel) n'était exprimé que par cette graphie *au* ; l'*o* était prononcé et écrit généralement *ou*, ainsi que Meigret le laisse entendre.

A, I, O, peuvent être longs ou brefs, sans acquérir « aultre son, ny aultre puissance », comme il y a en *au*, *è*, *e*, *é*. Les graphies *au*, *eu*, *ou*, ont un « son indiuisible ». A la question « s'il êst conuenable d'escripure une simple voyelle par les characteres de deux voyelles », il répond : « Ce n'est point à vous ny à moy de commander au peuple de Frãce. La voix le comprend en ung même charactere » (p. 7, édition de 1572). Son tableau des voyelles reconnaît, comme celui de Meigret, plus de sons que de lettres ; il propose d'ailleurs une simplification graphique des groupes *au*, *ou*, *eu*, ainsi que des *e* :

a	amant, ardant.
au . . .	autel, faut, saut.
e	rose (e à crochet, sourd).
é	chante, naure (sans accent).
è	enfér (accent é) : les 3 e sont dans « férmete, onétete ».
eu . . .	heure, heureuse.
i	issir.
o	obole, oppozons.
ou . . .	outre.
u	uzure, rupture.

Soit 10 voyelles, auxquelles l'auteur a oublié de joindre les nasales.

Théodore de Bèze (1584), sans doute le plus averti des grammairiens de son temps en la matière, nous a laissé une liste des voyelles et des consonnes usitées par ceux qui, à son jugement, parlaient le plus correctement : elle comporte, pour l'oreille, des sons simples et des diphtongues; pour l'écriture des sons simples et des sons composés. D'autre part, les voyelles à son simple pour l'oreille sont longues ou brèves; en voici le dénombrement (*De Francicæ linguæ recta pronuntiatione*, édition de Tobler, Berlin, 1868) :

a	é	è	i	o	u	ou	eu	e sourd
		ai		au				
		ei						
an			in	on				

a = « haec vocalis sono in radice linguæ solis faucibus formato, ore hiante, clare et sonore a Francis effertur. »

é = « Franci grammatici eruditiores *e* clausum vocant ». Il est émis « linguæ mucro dentibus mediocriter hiantibus », et encore « proprie pene conjunctis dentibus »; par exemple dans « altere ».

è = « quem sonum Franci *e* apertum vocant, et eodem sono atque diphtongum *ai* exprimunt » : estre, feste, terre, elle, maistre, aise... » Le groupe *ei* « scribitur *i* quiscente et solo *e* aperto pronuntiato » devant *ll* : treille, treillis, corneille... (p. 51).

i = quand cette voyelle n'est pas consonne (*g* dans legi, ou *j*), elle conserve « nativum illum tenuissimum sonum caeteris linguis usitatum » (p. 17).

o = « haec vocalis in ipsa palati testudine quasi echo quaedam resonat », moins clairement toutefois que *a*, mais pas non plus aussi sourdement que *ou* : nostre, vostre, dos, folle, molle... (p. 17). Des provinces lui substituent *ou*, ou bien *o*. La diphtongue écrite *au* « aliter pronuntiatur quam scribitur, sic nimirum ut vel parum vel nihil admodum differat ab *o* vocali « aux, paux, vaux », qui paraissent sonner à peine autrement que « os, vos, propos ». Les Normands font encore entendre *a* et *o* dans « autant » (p. 48).

u = Cette lettre que Ramus affecta à la voyelle, *v* étant réservé à la consonne, est l'*ypsilon* des Grecs; « effertur veluti sibilo constrictis labris efflato ». Le son en est tout proche de celui de l'*i*, également éloigné de *ou* et de celui de *o*, et tel sans doute que le prononçaient les Romains dans « optumus, maxumus » (p. 19).

ou = ce groupe laisse entendre un son mélangé de ceux de *o* et de *u*; il ne faut pas lui substituer *ou* et *o*; « noustre » au lieu de « nostre », « cop » au lieu de « coup » (p. 54).

eu = aucune des deux voyelles n'est distincte, mais « sonus quidam ex *e* et *u* temperatus auditur »; les Grecs et les Latins l'ont ignoré et il est pratiquement impossible de le décrire aux étrangers (beuf, ceux, eux, feu, ieux, ioijeux, alleu, neuf, peu, seur, veu...).

Quelques provinces prononcent *diu* pour *Dieu*; l'*u* est régulier dans les finales en *eure* (blesseure, casseure, heureux est prononcé hureux); dans les participes (eu, beu, receu, deu, meu, veu), et les subjonctifs (seusse, eusse), que les Carnutes et les Normands diphtonguent en *éü* (p. 51 et 67).

e sourd = C'est le troisième son de la lettre *e* : les Français l'appellent *e* féminin « propter imbecillam et vix sonoram vocem »; ou bien il est précédé d'une consonne, ou bien il allonge en quelque manière la voyelle précédente (amie, aimée, ioue...) (p. 14).

Au total, de Bèze énumère 9 voyelles simples, y compris l'*e* sourd; mais elles sont en outre susceptibles d'une modification en durée : « dico Francicæ linguæ duo esse tempora, longum unum, alterum breve... » Rien ne choque davantage l'oreille française que d'allonger une brève, ou d'abréger une longue; et il faut en avertir les étrangers (p. 83).

a est *long* dans : aille, baille, caille, faille, maille, paille, taille, passe, aimasse, blasme, asne, haste, taste. (Cet *a* long répond à notre *a* grave ouvert.)

e ouvert *bref* dans : maîtresse, permettre, messe, belle, faicte, prophète.
e ouvert *long* dans : plaist, est, braise, saison, plaisir, blesme, mesme, caresme, baptesme, teste, beste, estre, maistre, naistre, feste, cataire, ferrer, guerre, ferre, enterrer.
e fermé *bref* dans : nuer, muer, fier, lier.
e fermé *long* dans : prisée, accusée.
i *bref* dans : fit, miséricorde, envieux, visage, ennemi, voisine, gésir.
ī *long* dans : envie, moisi, ouisse, isle, vismes, fismes, fist, giste, viste.
o *bref* dans : parole, prophète, tonne, comme, sommeil, discorde, porte, aborder, endormir, apporter, exhorter, rostir, rosti, nostre maison. (Il s'agit ici de notre *o* aigu fermé.)
o *long* dans : rôst, tôst, aultre, autant, hauteur, haultement, causera, osera, reposera, Cosme, Rosne, ie suis vostre. (C'est notre *o* grave ouvert.)
u *bref* dans : il plut, il fut, il eut, fortune, nature, accusée.
u *long* dans : fûst, eûst, qu'il plust, fondue, velue, mue, nue, camuse, ruse, muse, user, usera, accusera, seusmes, receumes, eust.
ou *bref* dans : louer, jouer, nouer.
ou *long* dans : joue, loue, moue, noue.
eu *bref* dans : veu (votum), veux (vota), beuf, neuf.
eu *long* dans : beûfs, neûfs, eûls, ceûlx. (C'est notre *eu* aigu fermé.)

Ainsi *a*, *è*, *é*, *i*, *o*, *u*, *ou*, *eu* peuvent être longs ou brefs ; les nuances qui distinguent ces durées ne représenteraient pas, au dire de T. de Bèze, des sons différents : « non sono, sed sola quantitate differunt ». Il est exact que, considérée à part, la quantité est autre chose que le son ; mais, dans la pratique, elle masque à l'oreille un timbre différent et, à n'en pas douter, il en est ainsi pour les longues et les brèves de T. de Bèze. Retenons néanmoins les deux dénominations auxquelles il fait appel pour définir les voyelles : la *physiologique*, précisée quant aux *e* par « e apertum, e clausum »; l'*acoustique*, indiquée par les termes « clair et sonore, et obscur » d'une part, « long et bref » de l'autre. Enfin, c'est la simplicité du son qui caractérise la voyelle, même si l'écriture en est diphtonguée, comme dans *ai*, *ei*, *au*, *eu*, appelées « fausses diphtongues » (p. 45).

Aussi pouvons-nous dénombrer 16 voyelles pures distinctes, non compris l'*e* sourd, usitées à la fin du XVIe siècle; et si nous relevons avec l'auteur les 3 nasales, *an* écrit aussi *en* (an, en, constant, content); *in* écrit encore *en* (ancien, lien) et *aim* (haim, faim comme hin, fin); *on* (leçon, façon), nous obtenons 19 voyelles.

* * *

Faisons le point : deux sortes de déterminations, surtout à propos des *e* (masculin et féminin), sont en usage à la fin du XVIe siècle, et le demeureront par la suite en s'étendant à toutes les voyelles : l'une, *acoustique*, que caractérisent les appellations de « cler, sourd » (Peletier, de Bèze), « long, bref » appliquées à toutes les voyelles (Baïf, Estienne, Ramus, de Bèze), et l'indivisibilité du son. Ajoutons le terme « eslevé » attribué par Pasquier à l'*è* ouvert, par Estienne, à l'*é* fermé; l'autre, *physiologique*, avec les termes appropriés de « clos, ouvert » (Meigret, de Bèze). Mais sur les valeurs sonores des lettres *e*, *o*, *an*, *en*, *ien*, dans tel ou tel mot, l'accord n'est pas fait.

« Si l'on pouvait, écrit de Bèze, réserver un caractère à chacun des trois sons de *e*, on soulagerait beaucoup de Français, et encore plus d'étrangers » (p. 15). Car cette lettre n'est ni entendue, ni prononcée de la même manière. Si l'emploi des accents, comme signes de ses diverses valeurs, s'est généralisé, sur l'invitation de G. Tory, dans les textes imprimés à partir de 1550, leur affectation est restée longtemps encore capricieuse et individuelle ; l'accent du ton aigu (´) fut généralement réservé aux *e* masculins de nuance fermée, d'abord en fin de mot, puis en toutes positions ; mais l'accent du ton grave (`) demeura avant tout un accent distinctif des mots semblablement écrits : *la* et *là*, *a* et *à*, *ou* et *où*... L'usage n'en sera guère régularisé qu'au siècle suivant, quand l'accord aura été fait sur les valeurs des *e* dans les mots, et que le besoin de les faire lire correctement par les étrangers se sera imposé.

La lettre *O* n'a pas été l'objet de discussions aussi âpres ; c'est que jusqu'au XVIe siècle, avant la réforme de la prononciation du latin, presque tous les *O* étaient ou bien ouverts graves, ou bien prononcés *ou*.

La querelle des « ouistes », ainsi les dénomme Tabourot, partisans de l'*ou* au lieu de *o* dans nombre de mots, ne s'est terminée qu'au XVIIe siècle, en faveur de l'*o*, plus conforme à l'écriture latine, qui prit alors des valeurs analogues à celles de l'*e* : déjà Meigret reconnaît, nous l'avons vu, *o* « clos » et *o* « ouvert ». (Sur l'*ouisme*, cf. Th. Rosset : Les origines de la prononciation moderne, 1911, p. 66 à 83, et surtout Thurot, auquel l'auteur renvoie : I, 240, 280 ; II, 511 à 525.)

La question des voyelles nasales intrigua de bonne heure les grammairiens. Quand, au XVe siècle, l'*m* et l'*n* des groupes écrits *am*, *an*, *aim*, *ain*, *em*, *en*, *in*, *om*, *on*, ne furent plus prononcés, la voyelle qui les précédait demeura cependant infectée, sauf changement, d'une résonance nasale que l'on continua de transcrire comme auparavant, en conservant *m* et *n*.

Prêtèrent à discussion les groupes *en*, *ain*, *ein* ; depuis le XIIe siècle, les formes latines *en*, *in*, avaient reçu, à Paris, la prononciation de la forme *an*; c'est pourquoi les scribes soucieux de représenter avant tout le son écrivirent « sans, langue » (sine, lingua); « tans, auanture » (tempus, adventura); mais ceux que guidait le souci de l'étymologie rendirent par *en* l'*e* et l'*i* latins : « gent, cent, enseigne, venger, ardent, prudent, science... » (gentem, centum, insignia, vindicare, ardentem, prudentem, scientiam...).

Cette double graphie du même son *an*, jointe aux prononciations dialectales, induisit quelques grammairiens en erreur : Meigret voulait qu'on vît un *è* ouvert nasal dans « souvent, prudent, mêmement... » Peletier l'en reprit avec raison, et, considérant que la prononciation de *an* et *en* était identique, il proposa d'en uniformiser aussi l'écriture ; il écrivit donc « firmamant, testamant, samblable, example, sciance, dilig'ance... » R. Estienne, moins hardi, se conforma aux habitudes du temps, et ne s'inspira du latin que pour les mots savants ou empruntés.

Toutefois, le groupe diphtongué *ien* (bien, lien, tient...) n'était point passé à la nasale *ian*, excepté dans le parler populaire de Paris ; son *è* ouvert avait donc conservé le son nasal qu'il présente aujourd'hui dans ces mots.

Au XVIe siècle, les finales des mots savants tels que « abdomen, examen, hymen », reçurent ce même son, de sorte que *en* nota à la fois *a* et *è* nasalisés (vent, vient, Pentecoste et pentagone).

Acquirent aussi, à la même époque, ce son de *è* nasalisé les groupes *ain*, *ein*, *in* : si « le menu peuple de Paris », relate Meigret, prononçait encore « main, pain », par *ai* (c'est-à-dire ãy), c'est par *ei* (ẽy), dont l'*e* est ou bien ouvert (èy), ou bien clos « accompagné d'un *i* en une même syllabe » (éy), que sont prononcés aussi bien « teindre, feindre, ceinct », que « saint, pain, main, vain et fin, vin, lin... » Le choix de *ain* ou de *ein* dépendit comme *an* et *en* de l'usage ou de l'étymologie. Peletier, qui prononçait *ẽy*, remplace là aussi tous les *ain* par des *ein* : « reine, peine, contreint, creinte, certeins, meintenant, soudein, je creins, procheins... »

R. Estienne suit encore la tradition, du moins pour les mots usuels et anciens : « craindre, vaincre », malgré « tremere, vincere » ; mais « ceindre, esteindre, peine, plein, rein, sein », parce que le latin présente *in* ou *en*. Il donne même « terrin, sing, pindre », comme plus conformes à sa « prononțiation ». Cf. Beaulieux : op. cit., p. 287). Ce groupe, comme celui de *un*, est en effet nasalisé en fin de mot et devant consonne.

Quant à la nasale *on*, elle avait un son voisin de *ou*, qui parut longtemps indéfinissable, et dont elle prit l'écriture : Meigret appelle *o* clos celui de *tondre*, *compaignon* « dont la prononciation est telle qu'en *amour*, *pour*... » Il n'en sera nettement distingué que par Dangeau, en 1694, qui définira aussi la vraie nature de la nasale *un* jusqu'alors mal interprétée.

Les auteurs suivants nous paraissent reproduire simplement l'enseignement de leur temps :

Jean Garnier (*Institutio gallicæ linguæ*, 1558) reconnaît, comme R. Estienne, un *é aigu*; mais il croit pouvoir lui opposer un *e sourd* comme *grave* (jugé et juge). Il considère *ay*, *au*, *eu*, *ou*, comme des voyelles simples.

Joubert (*Traité du ris*, 1579) note *é* et *è* l'*e* masculin; il serait le premier à avoir écrit *è* (avec accent grave sous la voyelle) les mots *pere*, *mere*, *mer*, *cler*...

Claude de Saint-Lien (*De Pronuntiationæ linguæ Gallicæ*, 1580) distingue, après Baïf, R. Estienne, les voyelles en brèves et en longues.

Pillot (*Gallicæ linugæ Institutio*, 1581) reconnaît 3 *e* : *e* masculin (aymé), *e* féminin (justice), et un autre *e* (pres, fenestre, aupres...).

Lanoue (*Grand Dictionnaire des rimes françoises*, 1596) énumère à leur tour les 23 lettres de l'alphabet, et discerne 4 *e*, dont 3 dans *netteté*, et un prononcé comme *a* dans *argent*. Il essaie de définir le son des nasales qui « espessissent » leur son naïf ou pur, et signale la triple écriture de õn͜=ogne, oigne, ongne. Après de Bèze, il note que les sons de *ain*, *ein*, « s'appariente fort bien » à celui de *in*; pourtant leur distinction sera encore sentie pendant longtemps. On voudra même les opposer au siècle suivant.

CHAPITRE III

L'enseignement des sons de voyelles au XVIIe siècle.

Le XVIe siècle a envisagé les aspects organiques et acoustiques sous lesquels nous émettons et percevons les sons des voyelles, en s'inspirant des dénominations et du dénombrement des Anciens. Les grammairiens du XVIIe vont, pour la plupart, recueillir les données acquises, et s'en tenir aux déterminations *acoustiques* relatives à la durée, et *physiologiques* visant l'ouverture de la bouche. Mais Lancelot, en 1660, envisagera dans le degré d'ouverture de la bouche exclusivement l'intérieur de celle-ci, c'est-à-dire le volume de sa cavité, pour les *o* comme pour les *e* ; il appellera donc ouverts et fermés les mêmes *e* que Meigret, mais l'*o* ouvert de ce dernier sera pour Lancelot un *o* fermé, parce qu'il répond à une cavité de bouche moindre que l'autre.

A partir de ce moment, c'est du point de vue de Lancelot que les grammairiens vont interpréter les termes « ouvert, fermé », quand ils les emploieront à caractériser les voyelles ; cette façon de faire cessera au milieu du

XIXe siècle seulement, par un oubli regrettable des traditions reçues pendant deux siècles.

Le XVIIIe siècle enrichira, grâce à Boindin, la dénomination acoustique d'un caractère nouveau, plus vrai et plus simple : celui de la *tonalité* aiguë ou grave de la résonance prise par la voyelle dans la cavité de la bouche. Nombre de grammairiens, et non des moindres, retiendront ce point de vue, en le complétant quelquefois par ceux de la durée ou de l'ouverture de la bouche. Au reste, nous croyons opportun, pour préciser les positions respectives des grammairiens sur ces points jusqu'ici peu étudiés, de présenter un classement des principaux d'entre ceux qui ont adopté l'une ou l'autre des déterminations : l'*acoustique* (timbre simple et indivisible, durée longue ou brève, ton grave ou aigu) ; la *physiologique* (degré d'ouverture de la bouche, soit pour les *e* seuls, soit pour *e*, *a*, *o*).

	DÉTERMINATION ACOUSTIQUE		DÉTERMINATION PHYSIOLOGIQUE	
	Durée (longue, brève)	*Tonalité* (aiguë, grave)	*Ouverture de bouche* (pour les e)	(pour e, a, o)
	—	—	—	—
1625	Maupas.		Maupas.	
1633			Oudin.	Oudin.
1659	Chifflet.		Chifflet.	
1660			Lancelot.	Lancelot.
1675	Bérain.		Bérain.	
1676			Lamy.	Lamy.
1687	Hindret.		Hindret.	
1694	Dangeau.		Dangeau.	
1706	Desmarais.	Desmarais?	Desmarais.	Desmarais.
1709	Buffier.		Buffier.	
1709		Boindin.	Boindin.	
1716	Girard.		Girard.	

	DÉTERMINATION ACOUSTIQUE		DÉTERMINATION PHYSIOLOGIQUE	
	Durée (longue, brève)	*Tonalité* (aiguë, grave)	*Ouverture de bouche* (pour les e)	(pour e, a, o)
	—	—	—	—
1730	Restaut.		Restaut.	
1733	Dumas.		Dumas.	Dumas.
1736	d'Olivet.		d'Olivet.	d'Olivet.
1754		Duclos.	Duclos.	
1754	de Wailly.	de Wailly.	de Wailly.	de Wailly.
1760		Boulliette.	Boulliette.	
1767		Beauzée.		Beauzée.
1768	Féraud.		Féraud.	Féraud.
1769		Fromant.		
1769	Demandre.	Demandre.	Demandre.	
1777	Roche.		Roche.	
1791	Domergue.		Domergue.	Domergue.
1809	Lévizac.	Lévizac.	Lévizac.	
1836	N. Landais.	N. Landais.	N. Landais.	N. Landais.
1836	Mme Dupuis.	Mme Dupuis.	Mme Dupuis.	Mme Dupuis.
1811 et 1844	G. Duvivier.	G. Duvivier.	G. Duvivier.	
1851	Féline.	Féline.	Féline.	Féline.
1863 à 1872	Littré.		Littré.	

Un coup d'œil sur les deux dernières colonnes du tableau nous fait voir que le principe de notation des *e* (cavité de la bouche) adopté par tous les grammairiens a été, à partir de Lancelot, appliqué aux *a*, *o*, par ceux qui ont fait appel à la physiologie.

Dans son « Eschole Françoise », parue en 1604, Du Val ne s'exprime point autrement que les grammairiens du siècle passé : les voyelles « s'appellent ainsi de voix ou son pour ce que d'eles-mesmes estant prononcées, elles font une voix et un son parfaict » (p. 2). Il compte 6 voyelles répondant aux 6 lettres simples *a*, *e*, *i*, *o*, *v*, *y*. Mais il reconnaît que *aa, ai*, *ao*, *au*, *eu*, *ei* sont des « diphtongues impropres » ou fausses.

a se prononce dans « il a ».
e est : masculin; décrété, hébété.
féminin; leue, acheue.
comme *ai*; guerre, verre; plaîre, taîre, pres, Creste.
Les trois sons se rencontrent dans : netteté, Estréne, Ebéne, et un quatrième dans : fer, mer, net, sert, pert;
i a la « plus gresle prononciatiõ », il devient consonante (iamais).
o Il y a différence entre « vn petit *o*, et vn *o*, grand : *Pauure*, *Pauureté*, s'escriuent aussi bien *Poure*, *Poureté*. Ainsi *obéir*, *hoste* et autres font sonner en la prosodie ie ne sçay quoy plus qu'*o* simple, approchant de la diphtongue *au*, comme qui escriroit *ogure* pour *augure*. Par là donc vous pouués voir que nous auõs vn *o*, approchãt beaucoup de la diphtongue *au*, qui est celuy qu'on peut acomparer auec omega des Grecs. Et l'autre, qui se faict touiours ouïr en son ton naturel, auec leur omicron » (p. 71).
Il distingue ainsi clairement l'*o* grave de *hoste* et *augure* de l'*o* aigu de *povre*, *povreté* : mais les termes lui manquent pour les mieux caractériser, de même que pour les *e*.
v se trouve dans *tombe* et *tumbe*, qui se prononcent de même; la nasale *on* était en effet un *où* nasalisé avec lequel elle est confondue. On dit, d'après l'auteur : *coumme*, *poumme* (p. 74).
eu, est un son simple dans : heure, demeure (p. 84).
oeu est aussi simple dans : cœur, sœur (p. 114).

Soit, comme pour Ramus, 10 voyelles, les nasales étant omises. A noter la distinction des deux nuances de *o* qu'il ne paraît pas avoir prises à Meigret; sa dénomination des *e* reste archaïque; il néglige d'emprunter aux érudits les termes « ouvert, fermé ».

Au début de sa « Grammaire et Syntaxe Françoise » (1625 : 2e édition), Maupas, de Blois, énumère aussi 6 voyelles, sans les caractériser plus nettement; « elles sont assez notoires : *a*, *e*, *i*, *o*, *u*, *y* ». Il compte pourtant plus de voyelles que de lettres, parce qu'il reconnaît un son simple aux groupes *au*, *eu*, *ai*, *an* : soit *a*, *é*, *è*, *e*, *i*, *o*, *u*, *ou*, *eu*, *an*.

a : « se prononce comme en latin clairement à bouche ouverte » : l'avare cacha son avoir; *aa* allonge la syllabe dans aage : âge.

e : a trois prolations distinctes : « La première est *é*, appellé par nos anciens masculin, c'est-à-dire fort et entier, parce qu'il obtient un son plein et viril. Bonté ». La seconde est celle de *e* féminin « très foible ». La troisième sorte d'*e* « se peut dire ouvert d'autant qu'il se prononce avec bouche plus ouverte que les devant dits, tout comme la diphtongue *ay* es mots *mais*, *iamais*, *plaisir*, *les*, *des*, *éternel* ». Les trois sons se trouvent dans : brevetė, netteté, depecér, èslevé, estrené.

an : « *e* devant *m* et *n* se prononce vulgairement quasi comme *a* » : Entendement, emmener.

o : « se trouve double en quelque mot et ne fait ainsi qu'allonger la syllabe : Roole. Depuis ça, on affecte une niaise et vicieuse prononciation en ce mot « chose », et dit-on « chouse »: autres « cheuse », ce que ie n'approuve. Toutefois, on dit « houme, coume ».

u : « a un son peculier à nôtre langue ».

au : « partout ne vaut qu'*o* long : Haut, chaud ».

eu : « tient un son mixte, composé de ses voyelles : heur, peur ».

La lettre ne lui dérobe donc pas le son dans *eu*, *au*, *ou*, ni dans *eau* qui équivaut à *eo*. Mais il ne nous apprend rien des nuances signalées par de Bèze, ni des nasales, sauf en ce qui concerne *e* devant *m* et *n*, et *on* prononcé *ou*. On pourrait peut-être lui attribuer 12 voyelles, en comptant *a* et *o* longs. C'est le dénombrement de Ramus, *au* en moins, *an* en plus.

Antoine Oudin, parisien, dans sa « Grammaire Françoise » (1633), distingue 6 voyelles : *a*, *e*, *i*, *o*, *u*, *y*. Mais parmi ces lettres *a*, *e*, *o*, représentent plusieurs sons :

a : a le son du latin dans : arres, catharre.
aa : a un son simple tenant la syllabe plus longue : aage : âge.
e : est masculin, fermé : aimer, aller, barbier.
e : est féminin, à demy, à la fin des syllabes, et dans : crever.
e : est ouvert comme *ai* ; remède, tel, chef, pere, manege.
e : se tire de *eu* ou *oe* allemand : de, ne, me, te, que.
i : dans crucifix (lire crucefix) ; *j* long est consonne.
o : « françois se prononce fort ouvert, contre l'opinion impertinente de ceux qui le veulent faire prononcer comme *ou*, quand il est devant *m* ou *n*. Car ceux qui parlent bien ne disent jamais *houme*, *coume*, *boune*... » (p. 10 : édition de 1640). « Quand suit une autre consonne que *m*, *n*, après *am*, *on*, il a du son de l'*um* latin : ombre ».
v : voyelle, différent de celui des autres nations.
y : a le même son que *i* simple.

Les déterminations sont indécises ; les deux *a* sont distingués par la durée ; les *e* et les *o* par l'ouverture de la bouche, mais d'après la cavité pour le *e*, l'orifice pour *o* (principe de Meigret). La voyelle *eu* est comptée parmi les *e*, et mal distinguée de l'*e* féminin. Il est question de l'*ou* par opposition à l'*o* ouvert, et à la nasale *on* qui se trouve ainsi considérée à part. Soit, en comptant *eu*, *ou*, *on*, *e* muet, 10 voyelles seulement. L'analyse est évidemment superficielle.

En 1660, les auteurs de la « Grammaire » de Port-Royal, Arnauld et Lancelot, usent des deux nomenclatures : la *physiologique*, en distinguant des *e* et des *o* ouverts et fermés, parce que « ces deux voyelles varient davantage par être ouvertes et fermées » : raison suffisante, pensent-ils, pour que les Grecs aient donné deux figures à chacune de ces deux voyelles; l'*acoustique* en reconnaissant que chacune des voyelles *a*, *e*, *i*, *o*, *u*, « peut être breve ou longue, ce qui cause une variété assez considérable dans le son ».

Pourtant, là n'est point pour eux le caractère distinctif d'une voyelle; il est dans la simplicité du son, point de vue défini par Meigret, Ramus, T. de Bèze, et dans les « diverses ouvertures de la bouche », traduisons *volume de la cavité* : « sans considérer la difference qui se fait entre les voyelles d'un même son, par la longueur ou brieveté, on en pourroit distinguer jusques à dix, en ne s'arrêtant qu'aux sons simples, et non aux caracteres : *a*, *ê*, *é*, *i*, *o*, *ô*, *ou*, *e* muet, où l'on peut remarquer que ces sons se prononcent de la plus grande ouverture de la bouche et de la plus petite » (*op. cit.*, p. 4 et 6). Mais plus logiques que Meigret, qui considérait le mouvement de la langue pour les *e*, et celui des lèvres pour les *o*, ils ne s'arrêtent qu'au mouvement de la langue pour toutes les voyelles, c'est-à-dire l'intérieur de la bouche, et dénomment, pour ce fait, « ouvert » l'*o* de « côte, hôte » de grande ouverture; « fermé » l'*o* de « cotte, hotte », d'ouverture plus petite (cavité).

Les grammairiens du XVIIIe siècle, Boindin, d'Olivet, Duclos, Jacquier, Beauzée, Boulliette, Fromant, de Wailly, Demandre, conserveront cette façon de voir, sans exclure les autres appellations. Aujourd'hui, tous les grammairiens, et la plupart des phonéticiens, appellent fermé l'*o* tenu comme ouvert par Port-Royal, parce qu'ils envisagent ici comme Meigret la fermeture des lèvres (orifice), tout en observant l'ouverture de la bouche (cavité) pour les *e*. Double critère qui introduit, on s'en rendra compte plus loin, des appellations erronées et, pour le moins, ambiguës.

Les 10 voyelles de Lancelot, fait observer Duclos, dans ses « Remarques », sont celles que Ramus avait déjà proposées en 1562, avec cette différence que « MM. de P. R. ont senti que *au* n'étoit autre chose qu'un *o* écrit avec deus caracteres; aigu et bref dans *Paul*, grave et long dans *hauteur* ». Il fait ensuite observer qu'ils n'ont rien dit des nasales, et qu'ils auraient pu distinguer « deus *a*, l'un grave et l'autre aigu, comme dans *pâte* et *pate*, et deus *eu* comme dans *jeûne* et *jeune* ». Il n'est pas douteux que ces nuances, déjà notées par T. de Bèze, existaient à plus forte raison au XVIIe siècle.

Le P. Lamy décrit, avec plus de bonheur que beaucoup de nos grammairiens, comment se forme la voix : « L'air qui sort des poumons excite un Son en passant avec contrainte par le Larynx. Ce Son est perçu du gozier dans la bouche, où il est modifié en differentes manieres par les differentes dispositions du lieu qui le reçoit, et par le mouvement de la langue qui le pousse contre les parties de la bouche. » Quant au son des voyelles, « quelques-uns remarquent qu'il se fait par le seul mouvement de la racine de la langue. D'autres prétendent que ce Son est formé par les differentes ouvertures de la bouche ». (Art de parler, 1676, p. 117.) C'est, en effet, l'opinion des auteurs de la Grammaire de Port-Royal.

Il compte 5 voyelles écrites A, E, I, O, V. Elles peuvent être longues ou brèves : ce n'est point la façon de prononcer des Français qui, dit-il, « prononcent les voyelles dans des temps égaux... Nous les distinguons d'une autre maniere. Lorsqu'on ouvre la bouche davantage, le Son en est plus fort et plus clair; quand on l'ouvre moins, le Son est plus foible et moins clair; ces differens degrez de force causent cette difference qui est entre un E ouvert et un E fermé; entre un I et un Y. »

Il ne juge pas nécessaire de pousser davantage l'analyse. Les nasales résultent de ce fait : « Lorsque la voix monte jusques au nez, elle reçoit quelque difference...; comme il y a les lettres du gozier, il faudrait établir des lettres du nez. »

Pour finir, voici comment il se fait que toutes les langues n'usent pas des mêmes lettres (sons) : « Il dépendoit des hommes de choisir entre les Sons de la voix qui peuvent être infinis en nombre ceux qui leur plaisoient davantage, et qui leur paroissoient plus commodes; c'est pourquoi il y a des lettres qui sont en usage dans une langue, dont les autres langues ne se servent point » (*op. cit.* : p. 117 à 120).

Il ne semble pas que le P. Chifflet, de Besançon (Essay d'une parfaite grammaire de la langue françoise, 1659), ni Bérain, ni Hindret, de Bretagne (L'art de bien prononcer et de bien parler la langue françoise, 1687), aient mis à profit, si ce n'est pour les *e*, comme tout le monde, la détermination physiologique (par l'ouverture de la bouche) de Port-Royal; leurs listes de voyelles sont identiques.

Le P. Chifflet énumère, comme du Val, Maupas, 6 voyelles, qui « se prononcent seules en ouvrant la bouche sans toucher de la langue au palais ny aux dens » :

A E I O V Y

A propos des « Règles générales de la Prononciation » (p. 190), il note pourtant que « la principale difference qu'il y a entre les voyelles et les consonnes est que le son des voyelles forme ses varietez, par la seule ouverture de la bouche, et quelques divers mouvemens de la langue dans le vuyde du palais, sans qu'elle touche ny au palais, ny aux dents ».

En quoi consiste cette ouverture, rien ne permet de le préciser, parce que l'auteur s'arrête à la distinction par les durées longues ou brèves : « Les brieves ou courtes se prononcent habilement » (hommage, un page). « Les longues sont traînées plus tardivement, comme si la voyelle estoit redoublée » (Imaage, Paage de livre ; blâme ne rime pas avec dame, sage avec image).

A est long dans les finales en *ale*, *able*, *acle* : flame, ane, Pàris : il s'agit bien ici de notre *a* grave.

E a 3 sons : é fermé à son clair et élevé.
: è ouvert.
: e féminin.

« Maistre et mettre » ne diffèrent que par la durée de leur *e* ; « la prononciation n'a nulle différence qu'en la longueur et la briefveté des premières syllabes » (p. 200).

O est long dans *chose*, *tome*, *dome*, *Rhone*.

O est court dans *Rome*, *homme*, *personne*.

Le premier répond à notre *o* grave, le second à notre *o* aigu : l'auteur a donc l'oreille plus sensible aux différences de durée qu'à celles des timbres. En parlant des « fausses diphtongues » ou « impropres », il ne fait que traduire le « de falsis diphtongis » de T. de Bèze, pour qui *au*, *eu*, *ou*, *ai*, *ei*, avaient un son simple.

Au dans : *animaux*, *faute*.

Eu, *oeu* = bref dans *jeune*.
= long dans *jeûne*.

Ou, *aou* = le mois d'*Ou*.

Quant aux « diphtongues, qui se forment d'un seul son », *an*, *en*, *in*, *on*, *un*, elles « sont de vrayes voyelles ». C'est un vice de province de prononcer *ain*, *ein* comme *in*. On conviendra que cette définition des 5 nasales est bien vague. A bien compter, il est possible d'attribuer au Père, 2 *a*, 3 *e*, 2 *o*, 2 *eu*, 1 *i*, *ou*, *u*, et 5 nasales : ce qui ferait 17 voyelles, et 18, si l'on retient *e* ouvert bref et long.

Les « Nouvelles Remarques » de Bérain (1675) ne méritent pas qu'on s'y arrête sur le sujet qui nous occupe. La « Nova grammatica gallica » de Mauconduit (1678) distingue excellemment 4 *e* : « l'*e* simple et sans accent a toujours été l'*e* féminin : l'*e* masculin se divise en trois, le *fermé*, l'*ouvert*, et le *plus ouvert*, à chacun desquels on donne un accent : à l'*e* fermé, l'accent aigu ; à l'*e* plus ouvert, l'accent circonflexe ; ...à l'*e* ouvert, l'accent grave. » (Cité par Brunot : T. IV, p. 138 : note.)

Hindret (1687) distingue parmi les lettres « les unes qui s'appellent voyelles, les autres consones ou consonantes ». « Celles qu'on nomme voyelles sōt des lettres qui, par les seuls organes de la voix, sās remuer la langue ni les levres, peuvent former un son parfait. Nous en avons six : *a*, *e*, *i*, *o*, *u*, *y*. » Les mots qui les contiennent sont « amas, fermeté, imiter, objet, usure, hydropique ».

Cet auteur compte 3 *e* : *é* et *è* masculins ; *e* féminin : pourtant l'*e* de « athlète » est, d'après lui, moyen.

Il oppose, d'après leur durée, comme de Bèze, les longues prononcées « lentement », et les brèves prononcées « avec plus de vitesse » (*L'art de bien prononcer la langue françoise*, p. 133) :

hâle	et halle	boîte	et boite.
sas	sac	faiste	faites.
coste	cote	faire	fer.
fûmes	fume	masle	malle.

Il n'y a plus de triphtongues que chez les porteurs d'eau de Paris : « Qui veut de l'iao ? » Le point de vue adopté reste donc celui des grammairiens de ce siècle, ceux de Port-Royal mis à part.

En proposant, en 1694, dans son « Discours sur les voyèles » (Essais de Granmaire) une liste plus complète et plus ordonnée, l'abbé de Dangeau ne fait pourtant appel ni aux degrés d'ouverture de la bouche, ni aux différences de durée : il se fonde sur la graphie et le son simple que rendent les lettres ou groupes de lettres affectées aux voyelles.

Il établit une liste de 15 voyelles : en fait, ce sont les mêmes que celles de Lancelot, plus 5 nasales. Son classement est superficiel :

Voyelles latines :

A . . . . paroître.
E fermé. . . . . bonté.
I. . . . . lire.
O. . . . . Colere.
U . . . . battu.

Voyelles françoises :

Ou . . . . mourir.
Eu . . . . boutefeu.
Au . . . . hausser.
E ouvert . . . . cyprès.
E muet. . . . . juste.

Voyelles sourdes (esclavones) :

An ou en . . . . panser, enfin, entendre.
En . . . . soutien, craindre, feindre, vin.
In . . . . Ingrat.
On . . . . bonté.
Un . . . . chacun.

Il admet que *eu* de « heure, serviteur, meilleure » sonne autrement que celui de « fâcheux, goutteux » : « mais, ajoute-t-il, je n'ai osé dire tant de nouveautés en même tens ».

Duclos le reprend de ce qu'il n'a point senti que l'*au* de « hausser » n'était que l'*o* ouvert de « hôste » ; de même à propos de l'*i* nasal écrit *in*, car « lorsque le son en est nasal, comme dans *inconstant*, *ingrat*..., c'est un *e* nasal pour l'oreille, quoiqu'il soit écrit avec un *i* ; ainsi on doit prononcer ainconstant, aingrat » (op. cit., p. 9).

Tout le monde n'était pourtant point de l'avis de Duclos ; cette nasale, aujourd'hui entendue seulement dans quelques dialectes français, remontait à *im*, *in* latins brefs (inclinare, indictum, inimicum). On sait que l'*i* bref était prononcé comme *é* fermé : aussi le groupe *in* était en réalité un *é* nasalisé, que les scribes rendirent, les uns par sa vraie lettre *en* (enclin, emporte), les autres par l'*i* classique simplement étymologique (importe, incline, inimi). De là deux écritures qui, au XVIe siècle, appelleront deux prononciations, quand on aura d'une part, oublié la destinée de l'*i* bref latin, et quand d'autre part, on voudra italianiser la prononciation du latin.

Au dire d'Henri Estienne, « cela importe beaucoup » était plus moderne et imitait l'italien plus que « cela emporte beaucoup ». L'aboutissement normal de *im*, *in*, était *aim*, *ain* (ẽ) ; mais une réaction scolaire, entretenue par les italianisants et principalement les Régents et les Jésuites, maintint tant bien que mal, par artifice, le prétendu *in* latin « très difficile en notre langue, concède Hindret (1687), pour ceux qui n'y ont point été accoutumés ». Il n'en traite pas moins de badaux ceux des Parisiens qui disent « aingrat » pour « ingrat ». Dangeau fait d'ailleurs observer que cette prononciation n'est juste que dans les mots commençant par *in* : ingrat, infidèle. Restaut reconnaît que la prononciation de *in* approche plus de l'*i* que de l'*e*.

En 1760, Boulliette, grammairien des plus clairs et des plus méthodiques, constate que la prononciation par *in* n'est pas conforme au génie de la langue qui affectionne *ain* (indictum = l'indict, puis lendi, et landi) ; le son en est, en outre, peu naturel : il demande « un serrement et retirement du nez ; les uns font entendre avec l'*i* le son de la cônsone *n* ; d'autres ne prononcent qu'un *i*, dont le son sort tout à la fois et par la bouche et par le nez. D'autres ne prononcent qu'un *ain* véritable mais d'un son un peu plus sourd et plus obscur. D'autres, enfin, ne prononcent que le pur son de *ain*. Le bon usage, est, je crois, la manière commune dont parlent les personnes qui ont des principes et du goût. » A la Cour, au Théâtre et ailleurs, ce sont des « beaux parleurs » qui prononcent *i* nasal. (Traité des sons de la Langue Françoise : p. 23).

Fromant, à son tour, dit que l'*i* ne reçoit pas la modification nasale aujourd'hui (1769) : « à la Cour et à la Ville *in* se prononce comme *en* » (Supp., p. 315) [1]. A propos du mot « ingrat », Roche, en 1777, déclare encore : « Je n'ose blâmer cette prononciation; elle a des partisans que je respecte beaucoup » (Entretiens : p. 102). En l'an V, Domergue proclame « qu'une mode frivole a cédé au génie de la prononciation française ». C'est en effet le sort qui attend toute prononciation artificielle; toutefois, avant de s'évanouir, celle-ci risque de troubler un moment le sentiment de l'euphonie et la sécurité nécessaire à une bonne élocution. La répercussion des doubles sons attribués au XVIe siècle aux lettres *qu*, *gu*, *gn*, *ch*, se fait encore sentir dans leur lecture.

*
* *

Après le XVIe siècle impatient de tout savoir, le XVIIe ne paraît point avoir fait de progrès sensibles dans la science des sons et des lettres; les grammairiens s'en tiennent à l'énumération des voyelles par leurs lettres, en reconnaissant, comme leurs devanciers, un son simple à des diphtongues qu'ils appellent impropres ou fausses : *au*, *eu*, *ai*, *ei*, *ou*, *oeu*; ils s'en tiennent aux différences que la perception de la durée peut éveiller. Lancelot introduit une définition des voyelles par le *degré d'ouverture de la bouche* (cavité) qui ne sera reprise qu'au siècle suivant. Les timbres de *e* sont précisés et fixés dans l'écriture

(1) « Supplément à la grammaire générale et raisonnée » : éd. 1769.

grâce aux accents ; l'identité des sons de *ain*, *ein*, est, en fait, reconnue ; on désire, par uniformité, découvrir une forme nasalisée aux 5 voyelles orales *a*, *e*, *i*, *o*, *u*. Les sons de *o* et de *ou* ont été opposés, de même que ceux de *on* et de *ou* ; mais l'on n'est pas encore assuré que *au* ne soit pas distinct de *ó*.

Enfin Dangeau découvre la complexité articulatoire de la voyelle *eu* qui tient de l'*e* par la position de la langue, de l'*u* par celle des lèvres : ce serait la raison de son écriture *e* + *u*. Il en est de même de *ou*. La nasale *un* est un *eu* nasalisé, non pas un *u*. (Suite des Essais de Granmaire : 1711, p. 217 [1].)

La « Grammaire Françoise » (1658) de Claude Mauger s'adresse aux étrangers et mérite à peine d'être citée ; plus originale est « La Nouvelle Grammaire Françoise » (1692) de Milleran, né à Saumur ; les règles de prononciation des voyelles sont formulées d'après leur épellation en latin : *a* est long ou bref ; *e* est clos, ouvert ou neutre, plus ouvert, féminin ; *i* est voyelle ou consonne ; *ou* se prononce « à pleine bouche » ; *o* se prononce comme *ou* devant *mm*, *nn* : « Prenez donc garde de prononcer cet *o* tout à fait cõme le double *oo*, mais plutôt cõme l'*ou* pour éviter les équivoques ; car Bõne qu'on suposeroit écrit ainsi signifieroit pour lors une ville de Bourgogne de ce nom où croît du plus excellent vin qui se puisse boire » (p. 104). On conviendra que l'équivoque annoncée n'était pas compromettante.

(1) D'après Thurot (*op. cit.*, II, 421), il fut le premier à dénommer « voyelles nasales » les *an*, *en*, *in*, *on*, *un*, considérées comme simples, et dont *n* final n'était plus détaché depuis le XVIe siècle.

CHAPITRE IV

L'enseignement des sons de voyelles au XVIIIe siècle.

Le « Traité de la Grammaire françoise » de l'abbé Regnier-Desmarais (1706) ouvre le XVIIIe siècle. Sa phonétique des voyelles, venant après celle de Dangeau, n'offre aucune originalité : il reprend la distinction en usage des longues et des brèves ; il réserve aux *e* les différences consacrées par les termes « ouvert, fermé » ; il énumère 6 voyelles : *a*, *e*, *i*, *o*, *u*, *y*, mais *y* sonne comme *i*, d'où 5 voyelles seulement. Toutefois, à les juger « par leur propre nature, nous avons encore plusieurs autres voyelles, qui ne sont pas moins simples pour le son, nonobstant l'usage d'en marquer quelques-unes par des caractères doubles. » Aussi compte-t-il plus de sons que de lettres, reprenant en cela l'énumération de Lancelot sans toutefois faire appel « aux diverses ouvertures de la bouche » (1): ce sont, outre *a*, *e*, *i*, *o*, *u*, les voyelles écrites *ou*, *eu*, *au* et les *e* ouvert et fermé.

Quant à *ai*, dans *plaire*, *plaisir*, *faire*, *contraire*, « ses deux voyelles ensemble ne se prononcent que comme un *e* fermé ; en plusieurs

(1) Pourtant (p. 103), il dit que l'*o* de mole, role, dome, throne « est long et extrémement ouvert » : ce qui est conforme au point de vue de Lancelot.

autres comme en *pain, faim, main, air, paix,* elles se prononcent comme un *e* ouvert » (p. 12). Le *au* « n'est que le son simple d'un *o*, prononcé plus ou moins long » (costau, et haut, saut) ; mais dans *eau* « *e* se prononce comme un *e* féminin, et d'une manière presque imperceptible, au lieu que l'on appuye beaucoup plus sur *au* qui se prononce entièrement comme un *o* simple » (p. 66). L'*eu, œu*, est une simple voyelle dans « cœur, sœur, et feu, jeu », mais « œil, œillade, œillet », se prononcent soit comme « deuil », soit comme « soleil » (p. 43).

Au paragraphe de la page 10, « Son et emploi des Lettres dans les mots », l'auteur dit que *a* devant consonnes ne subit « aucune difference de prononciation que celle qui vient de ce qu'en quelques mots *a* se prononce long (aage, paste, flamme, crane, ame...), ou bref (cage, sage, faste, malle, balle, canne...). » Et il ajoute : « ainsi des autres devant *s* » ; sont longues les voyelles de « gresle, mesme, giste, rosne, hoste, brusle, fluste, abysme », et de « dome, tome, mole, throne » ; sont brèves « jette, nette, fritte, molle, homme, bonne, tonne, hotte, grotte, hutte, butte... »

A-t-il voulu entendre un ton de résonance quand il dit qu'entre les trois *e* (fermeté) la différence « ne consiste pas seulement dans une certaine élévation ou abaissement de la voix, ainsi que la difference qui se rencontre entre un *a* long et un *a* bref, et entre un *o* long et un *o* bref », il serait imprudent de le soutenir ; toutefois, il dit de l'*i* qu'elle est la voyelle « dont le son est le plus délié et le plus aigu », et de l'*u* « qu'elle a un son aigu » (p. 32, 39) : premier essai, à notre connaissance, d'une définition par le ton de résonance propre à la voyelle, à moins que l'auteur n'ait eu communication des « Remarques » de Boindin.

Enfin il n'oublie pas les nasales dont les sons « résultent de chacune des cinq voyelles *a, e, i, o, u*, lors qu'y adjoutent une *n* ». On les prononce comme dans les mots

« an, lien, fin, lion, un ». Le son en est simple, quoiqu'on se serve de *n* : « il est certain que ce sont des sons différents du son clair et net des cinq voyelles *a*, *e*, *i*, *o*, *u* » (p. 7).

E devant *m* et *n* se prononce aussi *an* (empire, embaumer) ; *ien* par *e* ouvert, dans « Agen, lien » ; par *e* fermé dans « ennemi » ; par *e* ouvert dans « reine » ; par *e* fermé dans « peine, pleine, veine, treille, peigne, feigne, atteigne... » (p. 22). Il semble bien qu'il s'agit ici d'un *e* trop peu ouvert pour mériter ce nom, moins fermé cependant que celui de *bonté* : le nom de *moyen*, qui lui a déjà été donné, lui conviendrait mieux.

En résumé, Desmarais compte 9 voyelles à son simple : *a*, *è* ouvert, *é* fermé, *e* muet, *i*, *o*, *u*, *ou*, *eu* : en réalité avec les longues et les brèves de *a*, *è*, *i*, *o*, *u*, et les 5 nasales, 19. On peut en constituer le tableau suivant, qu'il fonde sur les *durées* comme de Bèze, Hindret :

	LONGUES		BRÈVES
	—		—
a	aage, paste.	ă	cage, sage, faste.
è ouvert .	gresle, paix, mesme.	è	jette, nette, reine.
é fermé .	plaire, contraire.		
i	giste.	ĭ	fritte.
o ouvert.	hoste, dome, haut.	ŏ	molle, homme.
u	fluste, brusle.	ŭ	hutte, butte.

e muet : eau; (les trois e dans fermeté).
eu, oeu : cœur, sœur, heure; ou : vous, doux, toux.
an (an); en (lien); in (fin); on (lion); un (un).

La « Grammaire Françoise » (1709) du P. Buffier, élevé à Rouen, ne nous apprend rien de neuf quand elle écrit que « la lètre se prend pour les figures ou caractères tracez sur le papier, ou pour les sons » ; que les diphtongues comportent des « sons divers propres » (oi, ui), ou « un son unique impropre » (ou, eu, ai, au) ; que les voyelles ont « un son permanent ». Voici la *Table* des caractères qui désignent les sons de ses 13 voyelles (p. 122) :

a	frapa.	an	glan.
e muet	mise.	en	bien.
é fermé	café.	in	ingrat.
è ouvert.	mèr.	on	son.
i	fini.	un	quelqu'un.
o	or.		
u	tuer.		
ou	fou.		

Il oublie le son de *eu* et ne mentionne que *a* long ou bref, dans sa « Pratique de la prononciation et de l'orthographe » (p. 353). En outre, Fromant note, dans son « Supplément à la Grammaire générale et raisonnée » (1769, p. 329), que « ce Père, qui a fait une Table des sons d'après Port-Royal, a oublié l'ô ouvert; que le son nasal *ou* qu'il voudroit y substituer n'est usité ni à la Cour ni à la Ville », selon une remarque de Boindin (1).

N. Boindin, de Paris, nous paraît être le premier à fonder systématiquement la classification des voyelles sur le *ton aigu* ou *grave* de leur résonance buccale. Dans ses « Remarques sur les Sons de la Langue » (1709), d'après Fromant, il admet « quatre voyèles fortes ou grandes, qui, indépendamment de la quantité, sont susceptibles d'une modification, ou *aiguë*, ou *grave*, ou *nazale*, et font par conséquent douze voyèles différentes » (Sup. p. 317,

1. Harduin, dans une « Dissertation sur les voyelles et sur les consonnes » (1760), pense que « la Grammaire du P. Buffier est la plus ancienne où l'on ait avancé », que le *ï* de *Païen*, *Naïade*, ou le *y* de *Payen*, *Nayade*. *ayeux*, *yeux*, est une vraie consonne. Mais l'édition qu'il cite étant de 1741, l'on reste fondé à attribuer à Boindin (1709) la définition que d'ailleurs Harduin incrimine à tort.

édition de 1780). Il identifie ainsi très justement « modification aiguë et fermée, grave et ouverte ».

	AIGU FERMÉ	GRAVE OUVERT	NAZAL
	—	—	—
Fortes	a = tache.	â = tâche.	an = tanche.
Fortes	è = tette.	ê = tête.	en = tinte.
Fortes	eu = jeune.	eû = jeûne.	eun = à jeun.
Fortes	o = cotte.	ô = côte.	on = conte.

Faibles : é fermé, i, u, ou, e muet, qui ne reçoivent point ces différentes modifications.

Soit 16 voyelles, en comprenant l'*e* muet; on verra, à propos des consonnes, qu'il appelle *mouillé faible* l'*i* de *bien*, *aïeux*, *yeux*. Nous avons fait remarquer que ce principe de détermination fut adopté par les plus notables grammairiens jusqu'au milieu du XIXe siècle; il fut repris par le fondateur de la Phonétique expérimentale, l'abbé Rousselot, en 1911, dans la « Revue de Phonétique ».

L'abbé Girard, de Clermont-Ferrand, s'est surtout préoccupé de l'écriture dans « L'ortographe Française sans équivoques » (1716) : il regrette de n'avoir pu simplifier l'orthographe comme le voudrait la raison, parce que « l'imprimeur a voulu être assuré du goût du public », avant de fondre des caractères. Lorsqu'il dit que « nos pères se sont servis des Lettres pour le besoin », que c'est « la prononciation de ces tems là qui a introduit toutes ces lettres qui sont devenues inutiles » et non pas l'étymologie, et qu'une « grande partie de ces mots se prononçoient autrefois comme ils s'ecrivent aujourd'hui » (p. 24), nous ne pouvons que lui donner raison contre les auteurs de la « Grammaire de l'Académie Française », qui prétendent que, « pour remédier à cette insuffisance de l'alphabet, on a dû recourir à des combinaisons de signes telles que ai, eu, oeu, au » (p. 4).

Sa phonétique des voyelles est très limitée :

Trois *a* :

Le bref ou l'ordinaire. .	parare, amour, canon.
Le long	pâques, pâté, mâtin.
à adverbe	là, à Rome, qui est identique au premier.

Trois *e* :

Muet	flame.
Fermé	vérité.
Ouvert.	bète, tête, complet.

Deux *o* :

Long	hôte, côte, aumone.
Bref.	école, motte, sot.

Il met à part *au* (baux, égaux) : on ne saurait dire s'il y trouve un son distinct de celui de *o* long.

Il est question de la nasale *an* dans « complimant » ; mais *i*, *ou*, *eu*, *en*, *on*, *un* ne paraissent pas avoir été remarqués.

Voici comment Restaut, né à Beauvais, d'après l'édition de 1740 de ses « Principes généraux et raisonnés de la grammaire françoise » (1730), définit les voyelles. « Ce sont des lettres employées pour exprimer un son simple qui se forme par la seule ouverture de la bouche ». Il se distingue de celui des consonnes en ce « qu'on peut le faire durer », exception faite pour « l'*e* muet dont on ne peut faire durer le son, sans le transformer en celui de la voyelle *eu* ». C'est reconnaître qu'il n'est autre que cette voyelle.

Il y a cinq voyelles : *a*, *e*, *i*, *o*, *u*; mais, faute de caractères suffisants, on a donné plusieurs sons à un même caractère, ou joint d'autres lettres aux cinq voyelles ordinaires. D'où, toujours du point de vue de la lettre :

a) Les voyelles *simples* :

a, *e*, *i*, *o*, *u*. L'*e* est muet, peu ouvert, ou fort ouvert.

b) Les voyelles *composées* :

ea, *ai*, *ei*, *au*, *eau*, *eo*, qui ont un son semblable à quelqu'une des simples.

eu, *oeu*, *ou*, qui ont un son particulier.

c) Les voyelles *nasales* :

an, tient de l'*a* (écrit ean, am, an, em, en).
en, tient de l'*e* (ennemi, lien).
in, prononcé à peu près comme *en* (vin, jardin).
on, écrit on, om (bon, fontaine).
un, écrit eun, um (commun, à jeun).

Ainsi présentée, la division intéresse la lecture correcte des lettres-voyelles dans les mots, et n'offre rien d'original; mais au paragraphe IV du chapitre I, art. 2, l'auteur aborde la prononciation des sons voyelles dans les mots : or, les voyelles simples, composées, nasales, « sont tantôt *longues*, tantôt *brèves* suivant les mots où elles sont employées ».

Sont longues celles « sur lesquelles on appuie plus ou moins en les prononçant »; on met environ une fois plus de temps à prononcer les voyelles longues. C'est l'usage qui enseigne la durée qui convient à une voyelle donnée : d'ordinaire les longues se trouvent dans les dernières ou les pénultièmes syllabes des mots : « intérêt, pentecôte ».

Plus complète, l'édition de 1797 conseille, à propos des exemples, de s'en rapporter à la « Prosodie française » de l'abbé d'Olivet parue en 1736. Voici le Tableau de ses voyelles, complété par nous à l'aide d'exemples recueillis dans le livre :

LONGUES		BRÈVES	
â	mâle.	a	malle.
ê	tempête.	è	trompette.
î	gîte.	i	petite.
ô	apôtre.	o	dévote.
û	flûte.	u	butte.
eû	jeûne.	eu	jeune.
		ou	fou.

e muet (monde); é fermé (café, bonté); an, en, in, on, un.

Il compte ainsi 18 voyelles à son simple, bien qu'il donne le chiffre 16; il ne reconnaît pas de variété à l'*é* fermé, et à l'*ou*, et il accepte de considérer *in* comme une nasale un peu distincte de *en* (p. 13).

Retenons de sa définition de la voyelle longue ou brève, qu'elle introduit une confusion entre la notion de *quantité* et celle d'*intensité*, et définit exclusivement le timbre par ce qui en est seulement un attribut séparable. En faisant école, surtout parmi les grammairiens de province, il fut cause qu'on perdit la notion du timbre.

Sans nous arrêter à Dumas (La Bibliotheque de Enfans, 1733), qui réunit les trois déterminations de de Bèze, Lancelot et Boindin, dans l'*â* « mis pour le double *aa*, long, ouvert et grave » de *âge*; rappelle Dangeau en distinguant l'*eu* de « serviteur » de celui de « gouteus », et prend un malin plaisir à opposer la prononciation de l'abbé Regnier-Desmarais à celle du P. Buffier à propos des *e*, insistons sur la phonétique de l'abbé d'Olivet, de Salins.

De même que Restaut, d'Olivet suit de Bèze et Desmarais en définissant les voyelles par leur *quantité*; mais il n'est pas aussi exclusif, puisqu'il emprunte aussi à Lancelot sa détermination des *a* et des *o* par le degré d'*ouverture de la bouche* (Prosodie françoise, 1736).

La Prosodie est, dit-il, « la manière de prononcer chaque syllabe régulièrement..., et considérée dans ses trois propriétés, qui sont, l'Accent, l'Apiration et la Quantité ». A propos de l'accent, « il décide, nous dit l'abbé Fromant, d'après Théodore de Bèze, que si nous haussons la voix, c'est sur une syllabe longue et si nous la baissons, c'est sur une syllabe brève », alors que « ce sont ordinairement les sons graves qui sont longs, et les sons aigus qui sont brefs » (op. cit., p. 315). Il décide aussi de faire « connaître nos brèves, nos longues et nos douteuses » d'après les poètes et les érudits du XVIe siècle : Jodelle, Pasquier, Baïf, Ramus, d'Aubigné, Passerat, Desportes, de Bèze, et même une Académie qui fut établie sur la fin de l'année 1570...

« Dans la prononciation soutenue », *a*, *e*, *i*, *o*, *ou*, *u*, *eu*, sont longs ou brefs ; en outre *a*, *e*, *o*, peuvent être ouverts ou fermés. Par exemple :

a est long et très ouvert dans . .	tas, gras, Pallas.
ê est long et très ouvert dans . .	bêche, lêche, pêche.
è est bref et peu ouvert dans . .	caleche, fleche.
o est long et ouvert dans . . .	os, oser, osier, ôter, hôte.
é fermé est long ou bref dans . .	pensée, armée, lier, louer, créé.

Avec l'*e* muet et les 4 nasales *an*, *en*, *on*, *un*, cela fait 21 voyelles.

D'Alembert, qui était Parisien, ne voulait pas qu'on conseillât aux étrangers d'ajouter foi à un grand nombre des règles de d'Olivet : « né loin de la capitale, dit-il dans son « Eloge », il n'y est pas venu d'assez bonne heure, s'est trompé sur la quantité de quelques syllabes qu'il prononçait à la manière de sa province ».

Duclos, né à Dinan, mais élevé à Paris, n'hésita point, lui non plus, à faire toute réserve sur le parler des grammairiens venus tard de la province à la capitale. Il fut le premier à reprendre délibérément à Boindin l'aspect de la *tonalité* aiguë ou grave des voyelles : dans ses « Remarques » à la Grammaire de Port-Royal (1754), il substitue les dénominations d' « aigu et grave » à celles de « fermé et ouvert » qu'il conserve aux seuls *e*. Et il se demande avec raison pourquoi MM. de P. R. « qui distinguent trois *e* et deus *o*, n'admètoient-ils pas deus *a*, l'un grave, et l'autre aigu, come dans pâte et pate ; et deus *eu*, come dans jeûne et jeune ». Bien plus, « on doit encore faire à l'égard de l'*e* ouvert la même distinction du grave et de l'aigu, tels qu'ils sont dans *tête* et *tete*. Ainsi nous avons au moins quatre *e* diférens ; *e* fermé dans *bonté*, *e* ouvert grave dans *tête*, *e* ouvert aigu dans *tete*, *e* muet dans la dernière silabe de *tombe*. L'*e* muet n'est proprement que la voyèle *eu* sourde et afoiblie ». Un cinquième « qui est moyen entre l'*é* fermé et l'*è* ouvert bref » tel que le second de *prefere*, et le premier de *succede*, pourrait être compté.

De même que Boindin, il considère les petites voyelles *i*, *u*, *ou*, *é* fermé, *e* muet, comme susceptibles seulement de *quantité* différente, non pas *d'acuité* : seules sont aiguës, graves et nasales, les grandes : *a*, *è* ouvert, *o*, *eu* (Rem., p. 9 à 15, édition de 1780). Voici d'ailleurs le Tableau de ses voyelles (p. 12).

â grave	pâte.
a aigu	păte.
è ouvert grave	tête.
è ouvert aigu.	tê̆te.

é fermé . . . . bonté.
e muet. . . . . tombe.
i . . . . ici.
ô grave . . . . côte.
o aigu . . . . cŏte.
u . . . . vertu.
eû grave . . . . jeûne.
eu aigu . . . . jeune.
ou . . . . fou.

Nasales :

an . . . . ban, lent.
en. . . . . bien, pain, frein, faim.
on. . . . . bon.
eun . . . . brun, à jeun.

Au total 17 voyelles avec l'*e* muet, et 18 en comptant l'*e* moyen de *succede*.

La même année, de Wailly publiait « La Grammaire françoise » qui devint en 1763 les « Principes généraux et particuliers de la langue françoise »; l'auteur, originaire d'Amiens, fut très estimé de son temps, au point que l'Université de Paris lui fit l'honneur d'adopter son livre en 1765. Il s'avisa comme Dumas, mais en étendant le système à toutes les voyelles, de recourir aux trois notions de *tonalité*, *quantité*, *ouverture*, prenant ainsi à Boindin, à Restaut et à Lancelot. A son sens, « le son grave se prononce avec plus de volume, plus de renflement que le son aigu : il est toujours long ». De sorte qu'il perçoit plus volontiers la *durée* que la nuance aiguë ou grave du timbre. Il caractérise donc de cette manière les voyelles, qui sont, d'après leur écriture, comme pour Restaut, *simples*, *composées*, *nasales*, et au nombre de 21 sons simples, *e* muet compris (10ᵉ édition, 1786, p. 414) :

AIGUËS BRÈVES

—

Simples :

A aigu ou bref	la patte.
E fermé, clair	né, épié, pâté.
E ouvert, brèf	le frère.
I aigu	petite.
O aigu, bref	hotte, porte.
U bref	prudent, butte.

Composées :

EU aigu ou bref	jeune.
OU bref	vouloir.

GRAVES LONGUES

—

Simples :

A grave ou long	la pâte.
E fermé, sombre	nez, pied.
E ouvert, long	succès, tempête.
I grave	gîte, ici.
O grave ou long	auteur, vôtre.
U long grave	flûte, usure.

Composées :

EU, grave ou long	jeûne.
OU grave	voûter.

NASALES

—

Em, An	Embarrassant.
On	donjon, pigeon.
In	fin, Agen, benjoin.
Un	chacun, parfum.

Le « Traité des sons de la Langue Françoise » (1760) de l'abbé Boulliette, chanoine d'Auxerre, résume clairement les points de vue de Boindin, Duclos et de Wailly : « les voyelles, écrit-il, sont des sons simples, qui se produisent par la seule ouverture de la bouche, et qui se diversifient par les différentes dispositions du passage de la voix » : *a, é, ô, eu, ou, u, au*. Elles n'ont pas d'obstacles à vaincre ; elles peuvent se prononcer seules ; elles sont plus ou moins brèves ou plus ou moins longues « selon que l'on met plus ou moins de temps à les prononcer » (p. 5).

« Outre le son aigu qui est commun à toutes les voyelles, ajoute-t-il, plusieurs sont encore susceptibles de sons plus ou moins graves » : ce sont les 4 voyelles suivantes, celles que Boindin et Duclos appelaient *fortes* (p. 6) :

SONS AIGUS		SONS GRAVES	
a	une malle.	â.	un mâle.
e ouvert	trompette.	ê.	tempête.
eu	le jeu.	eû	le jeûne.
o.	une hotte.	ô	un hôte.

Afin de préciser la notion de la tonalité, trop peu sentie par beaucoup d'oreilles, l'auteur définit ensuite ce qu'il entend par sons aigus et sons graves :

« Le son aigu est un son foible et délié, qui n'est produit que par un filet d'air qu'on pousse de la poitrine, et qui n'exige qu'une petite ouverture de la bouche. Les sons graves sont plus forts, plus gros et plus remplis, parce qu'ils sont formés par une plus grande abondance d'air qui sort de la poitrine. » Assurément, c'est expliquer la cause par l'un des effets physiologiques plus perceptibles, l'émission de l'air; l'ouverture de la bouche est aussi invoquée :

« Les sons graves de *â*, *ê* exigent une très grande ouverture de bouche, c'est ce qui les fait nommer sons ouverts. Il n'en est pas de même des voyelles *eû*, *ô*; pour les prononcer, les lèvres s'allongent en dehors, et ne laissent de passage à la voix que par leur milieu. L'air qui vient en plus grande abondance de la poitrine, s'entonne dans la bouche, et n'en sort qu'en rendant un son gros et sourd. » Quant aux autres voyelles, « si elles acquièrent quelque gravité, elle n'est presque pas sensible ». Elles ne changent que de quantité, ce qui ne change rien à leur son : *donné*, *donnée*; *ami*, *amie*; *rendu*, *rendue*; le *bout*, la *boue*. Enfin, les brèves sont toujours aiguës, les graves toujours longues, ainsi que l'avait proclamé de Wailly.

En faisant appel à l'émission de l'air et à l'ouverture de la bouche pour déterminer le degré d'acuité des voyelles, phénomènes plus accessibles aux sens, Boulliette rappelle involontairement « l'appui de la voix » qui caractérisait, au jugement de Restaut, les différences de quantité ; il risque ainsi d'y ramener les différences de tonalité. Rappelons, une fois de plus, qu'on ne supplée jamais exactement à l'audition par d'autres sensations.

Voici la Table donnée par l'auteur des voyelles « considérées seulement par rapport à leurs sons » (p. 10).

VOYELLES AIGUËS		VOYELLES GRAVES	
a	patte.	â.	pâte.
é fermé	vérité.	ê.	fête.
e ouvert	prophète.	eû	le jeûne.
e muet	une table.	ô.	un hôte.
eu	le jeu.		
i.	ici.		
o.	une hotte.		
ou	un coucou.		
u.	usure.		

Les 4 sons de e ouvert :

secrete	secret	secrets	crête.
faites	fait	faits	faite.

Les 4 nasales :

an (cadran) in (enfin) on (bon) un (chacun).

Ainsi compte-t-il 13 orales, 4 nasales, soit 17 voyelles, et 19 en comptant les *e* ouverts.

Les « Principes généraux et raisonnés de l'Orthographe » (1762), de Douchet, proposent 18 sons simples de voyelles ; nous ne les mentionnons que pour souligner son appellation des *o* écrits *au* : *o* clair dans *Paul*, *o* sombre dans *saule*. C'est un aspect sur lequel peuvent s'entendre les oreilles les moins difficiles ; le XVIe siècle l'avait envisagé ; mais il n'est bien apprécié que pour les voyelles médianes, *e*, *a*, *o*, *eu* ; les extrêmes *i*, *ou*, *u*, échappent à cette distinction.

L'abbé Féraud, de Marseille, publia en 1761 un « Dictionnaire grammatical de la langue françoise » en 2 volumes ; dans le premier il reconnaît, d'après la *quantité* et l'*ouverture de la bouche* (édition de 1768) :

a bref, fermé	apostre, ma, ta, il aima.
á long, plus ouvert.	opera, sofa, acre, age, âme.
e muet	belle.
e ouvert.	tête.
e moyen.	belle, tette.
e fermé, on serre les lèvres. .	fermeté (p. 79).
o bref, fermé	hôtel.
o long, ouvert	os, oser, ôter, hôte.
eu brève	feu, bleu.
eu longue.	creux, je veux.

i, u, ou, sont simples sans variété : soit 13 orales.

Il subit visiblement l'influence de l'abbé d'Olivet, dont il emprunte les exemples de *o* ouvert ; il faut dire qu'il enseigna longtemps à Besançon, capitale de la Franche-Comté dont d'Olivet était originaire.

Dans le premier des deux volumes de sa « Grammaire générale » (1767), Beauzée, de Verdun, applique à l'analyse des voyelles les principes de Boindin et de Duclos, et reconnaît que leurs grandes voyelles *a*, *e*, *o*, *eu*, sont susceptibles de modification *grave*, *aiguë*, *nasale*. Mais son appréciation acoustique de la tonalité était-elle incertaine, ou bien les désignations par la durée et par l'ouverture organique « fermé bref, ouvert long », de d'Olivet, Féraud, lui paraissaient-elles confuses, il jugea utile de proposer un critère à la fois *acoustique* et *physiologique*, qui, en fait, n'apportait aucune précision nouvelle.

« Le son, dit-il, est l'élément de la parole représenté par les lettres » ; les lettres voyelles représentent les voix, les lettres consonnes les articulations. Il y a « 8 voix fondamentales, d'où dérivent par changements fort légers les autres voix simples usitées parmi nous ». Ces voix sont : *a*, *ê*, *é*, *i*, *eu*, *o*, *u*, *ou*.

Elles se classent en « retentissantes et labiales ». Les retentissantes sont *a*, *è*, *é*, *i*, parce qu'elles retentissent au fond de la bouche, en raison « de l'affluence plus ou moins considérable de l'air sonore, de la durée plus ou moins longue du son ou de quelqu'autre principe également indépendant de la forme actuelle du passage ». L'auteur tient à ne pas faire appel au degré d'ouverture de la bouche, dont l'interprétation faite par Port-Royal risquait d'être oubliée. Et pourtant, en croyant prévenir les confusions, lui-même les devait provoquer, car, aux « retentissantes » il oppose les « labiales », parce qu'en les formant les lèvres s'avancent et se rapprochent : ce sont *eu*, *o*, *u*, *ou*. C'était définir de nouveau, longtemps après Meigret, les voyelles postérieures *a*, *o*, *ou* et *eu*, par l'ouverture des lèvres.

Poussant plus avant son analyse, Beauzée déclare « variables » les deux premières retentissantes *a*, *è*, et les deux premières labiales, *eu*, *o* : en fait les « grandes voyelles » de Boindin et de Duclos, seules susceptibles de modification *grave*, *aiguë*, *nasale*. Les deux dernières retentissantes *é*, *i*, et labiales *u*, *ou*, « foibles et petites », sont appelées « constantes », parce qu'elles ne deviennent, à son jugement, comme à celui de presque tous les grammairiens antérieurs, ni graves, ni aiguës, ni nasales, « quelque brève ou quelque longue qu'en soit la prononciation. »

Dès lors, il compte 17 sons voyelles représentés par 5 figures simples ou composées : notons qu'elles sont **orales** « lorsque l'air qui en est la matière sort entièrement par l'ouverture de la bouche disposée comme il convient à ce son »; elles sont orales *graves* « indépendamment de la durée » quand l'oreille « apperçoit quelque chose de plus plein, de plus nourri, plus marqué; elles sont orales *aiguës* quand la prononciation en est « plus légère, plus rapide » et que l'oreille « apperçoit quelque chose de moins nourri... plutost piquée que remplie ». Enfin elles sont **nasales** quand « l'air sort en partie par la bouche et en partie par le nez » (p. 9).

Voix (p. 71).

RETENTISSANTES		LABIALES	
Variables :		*Variables :*	
A grave	pâte, tâche.	Eu grave	jeûne.
A aigu	pate, tache.	Eu aigu	jeune.
A nazal	pante, tanche.	Eu muette	je.
E grave	tête.	Eu nazale	à jeun.
E aigu	tette.	O grave	côte.
E nazal	teinte.	O aigu	cote.
		O nazal	con'e.

RETENTISSANTES		LABIALES	
—		—	
Constantes :		*Constantes* :	
E	bâté.	U	sujet.
I	bâti.	Ou	soumis.

En 1769, l'abbé Fromant rendant compte, dans son « Supplément à la Grammaire » de Port-Royal, de l'exposé de Beauzée, fait observer que ce système des voyelles se trouve d'accord « avec les remarques de Boindin, et conforme au calcul de Duclos ». Mais il ajoute : « Ce en quoi je differe de ces trois Auteurs, c'est que je crois l'*i*, l'*u*, et l'*ou*, susceptibles non de modification nazale, mais de modification aiguë et grave; ainsi je les appellerois volontiers moyennes ». Et, avec une précision remarquable, il invite Restaut à considérer que, si d'après lui, *i*, *u*, *ou*, sont respectivement brefs dans « Tite, butte, boule », longs dans « gîte, flûte, foûle », ils « ont, ce semble, quelque différence dans la prononciation; c'est-à-dire qu'indépendamment de la quantité, *i* et *u* sont susceptibles d'une modification aiguë ou grave, et forment par conséquent chacun un son particulier » (p. 315 à 319 : édition de 1780). Seuls *é* fermé et *e* muet, « qui ne sont susceptibles d'aucune de ces trois modifications », pourraient être appelées « petites voyelles ».

Ainsi se trouvaient analysés et classés les timbres de toutes les voyelles, sous le rapport de la *tonalité*. Fromant blâme la distinction en brèves et en longues comme insuffisante; il ne maintient la détermination par le degré d'ouverture que pour *è* et *é*, et il énumère 20 voyelles, en plaçant l'*e* muet à son vrai rang, comme Beauzée et Duclos (p. 316).

â grave	pâte.	ô grave	côte.
a aigu	păte.	o aigu	cŏtte.
ê ouvert grave.	tête.	û grave	flûte.
è ouvert aigu	tĕtte.	u aigu	bŭte.
é fermé.	bonté.	eû grave	jeûne.
e muet	fonte.	eu aigu	jeŭne.
î grave	gîte.	ou grave	foule.
i aigu.	Tite.	ou aigu	boŭle.

et quatre voyèles nazales :

an (ban, lent, camp) *en* (bien, pain, vin, faim).
on (non, nom) *eun* (brun, à jeun, parfum).

Appelons moyen l'*è* ouvert aigu, aigu l'*eu* de « jeûne », grave celui de « jeune », et nous aurons le tableau des voyelles proposé par l'abbé Rousselot.

Au mot « Voyelles », dans son « Dictionnaire de l'Elocution françoise » (1769), Demandre suit avec prudence de Wailly, Boulliette, Beauzée, quand il cherche à distinguer les nuances aiguës des nuances graves de *a*, *e*, *o*, *eu* ; comme quelques-uns voudraient distinguer deux classes du même son de *ou*, aigu dans *mou*, grave dans *moudre*, parce que le premier est bref, le second long, il fait observer très justement qu'il « ne lui paroit pas universellement vrai » que toute brève soit aiguë, toute longue grave. Il admet donc simplement que *ou*, *i*, *u*, soient longs ou brefs, et non pas, comme Fromant, aigus ou graves : ce « préjugé » est effectivement partagé par tous les grammairiens, Fromant excepté, qui définissent les voyelles par leur tonalité.

Voici la table de ses Voyelles, « caractères destinés à peindre dans l'écriture ce qu'on appelle voix dans la parole, c'est-à-dire, les sons qui ne sont point articulés » (II : p. 511).

VOIX AIGUËS		VOIX GRAVES	
a.	patte.	â.	pâte.
è.	musette.	ê.	fête.
é.	vérité.	eû	jeûne.
eu	jeu.	ô.	un hôte.
i.	ici.		
o.	une hotte.	VOIX NAZALES	
u.	usure.	an	cadran.
au	auteur.	en	bien.
ou	coucou.	on	bon.
e.	muse.	un	chacun.

Il perçoit une nuance entre le *ô* de *hôte* et le *au* de *haute*, et découvre 7 *e* ouverts plus graves les uns que les autres dans *musette*, *messe*, *père*, *thèse*, *presse*, *fête*, ils *avoient*, etc.

J. B. Roche, dans ses « Entretiens sur l'Orthographe françoise » (1777), enseigne comme tout le monde que les voyelles sont des lettres qui ont deux propriétés distinctes : « l'une de représenter les sons simples et permanents qui se font entendre sans aucune articulation ; tels sont ceux qu'on indique par *a*, *e*, *i*, *o*, *ou*, *au*, *in* ; l'autre d'ajouter des modifications aux sons simples : tel est l'effet de *m* dans *ma*, *mi*. » Il y a 6 voyelles : *a*, *e*, *i*, *o*, *u*, *y* ; mais le nombre des sons est plus grand que celui des caractères, de sorte qu'on a des voyelles composées (p. 16).

Le tableau des 19 voyelles de Roche est le suivant, avec la manière de les écrire (p. 104) :

a bref, faible	Paris, solennel.
a long, fort.	pâtre, compas, lacs, draps, grâce, nation.
e muet.	venir, donne.

e muet allongé, fort .	jeûner, meunier, queue, bleue, œufs.
e aigu, bref.	bonté, pied, berger, balai, lait, laid.
e aigu un peu allongé.	bontés, pieds, clefs.
e aigu plus allongé .	venez, allée, agréent, aider, gaîté.
e grave.	accès, succès, forêt, échecs, secrets, paix.
e grave ouvert allongé .	tête, fêter, frêle, presser, terre, reine.
i bref, faible	joli, ami, style, épic, ni, baîllif.
i long, fort.	gîte, île, nids, tu pries, abyme.
o bref, faible	mode, donner, sirop, complot.
o allongé, fort . . .	hôtel, brocs, oh, sirops, coqs, mots, chaud.
u bref, faible	venu, couru, crud, cul, attribut.
u allongé, fort . . .	chûte, brûler, nuds, rues, culs, plus.
ou bref, faible	clou, fou, courir, radoub, beaucoup.
ou allongé, fort . . .	voûte, coups, bouts, vous, jaloux, roue.
oi bref	voile, toile, froid.
oi allongé	proie, voix.

an (embarras, camp); *en* (bien); *on* (long); *in* (ingrat); *un* (Lundi).

L'auteur s'étend longuement sur la prononciation des *e*, qu'il voudrait voir notés d'accent dans le Dictionnaire : « Tous les *e* aigus, dit-il, ne diffèrent entre eux que par le plus ou moins de brièveté : il est fort bref dans le mot *miel*, plus bref encore dans le mot *net*; moins bref dans *laurier*, *témérité*, plus long dans *les lauriers*, *les bontés*, *les bleds*, et plus long encore dans *nez*, *vous voulez*, et peut-être plus long encore dans *une année*, *une pensée*, *des années*..., mais partout c'est le même genre de son qui peut toujours être indiqué par le même accent » (p. 82).

Les *e* aigus brefs de *miel*, *net*, répondent à nos *e* moyens; ils s'opposent à *e* grave du singulier et du pluriel de *projet*, *secret*, *echec*. La nomenclature est celle de Restaut, avec en plus les deux *oi*, où l'on n'a pas retrouvé le son de *wè*; on perçoit encore un *ou* voyelle dans *lingual*, *équateur*, bien que l'*ou* fût alors un *w*.

Domergue, d'Aubagne, enseigne à « donner à chaque son le ton qui lui est propre » au chapitre de la « Prosodie » dans sa « Grammaire Françoise simplifiée élémentaire » (1795); il suit Restaut quand il dit que les sons sont *longs* ou *brefs*; il s'inspire de Lancelot en les définissant *ouverts* ou *fermés*. Neuf règles sont destinées à nous apprendre les sons longs ou brefs.

Sont longs :

a de sopha, modération, pâte.
e de oppression, lésion.
i de gîte, huître, huile, tuile.
o de motion.
u de flûte, collusion, rusé.
ou de croûte, pousse, mousse, grenouille, joûte.
eu de meute, veule.

Sont brefs :

a de patte, dela.
i, u, eu, ou, de défi, vertu, enjeu, jeune, heurte, houppe, ennui (p. 133, 134).

Sont ouverts :

a de râle, accàbler, sàbrer, se càbrer, gàgner, dàmner, càdrer, càrosse, ràser, blàser, ràiller, ferràiller, hàillon, batàille, funéràilles, flàmme, Jàcque, bizàrre, bàsse, càsse, chàsse, clàsse, diàble, càble, cràbe, fàble, sable, accàble, tàble, espàce, gràce, làcs, ràcle, àme.
e de bêler, maître, fèr, cuillèr, plàisir, càisse, connoisse, tonnèrre, abbèsse, prèsse, confèsse.
o de rôle, aù, eaù, joyàu, batеàu, grossier, oser, grosse, abhorre, fosse, endosse, globe, lobe, doge, geole, mole, rose.

Sont fermés :

a de sopha, détailler, travailler, médaillon, bataillon.
o de domino, hôtel, hôtellerie, hôtesse, hôpital.

Il dénomme *moyens* les *o* de : *trèsor*, *Paul*, *Saul*, *vole*, ***Rome***; l'*a* de *char*; l'*e* de *vous êtes* (p. 136 et suiv.).

Il énumère enfin 5 sortes d'*e* (p. 141) :

e muet	rose.
e fermé	bonté.
e ouvert	père.
e moyen	modèle.
e très ouvert	tête.

On aura remarqué la prononciation provinciale de l'*o* dans plusieurs mots. Domergue ne vint d'ailleurs à Paris qu'au début de la Révolution. Soulignons aussi sa notation par l'accent grave des *a* et des *o* ouverts qui ne possèdent pas d'accent circonflexe; l'abbé Rousselot la reprendra un siècle plus tard.

* * *

A l'égard des sons des voyelles, les grammairiens de ce siècle ont épuisé les possibilités de l'observation par l'ouïe, la vue, le toucher. Retenant de l'enseignement du XVIIe siècle ce qui méritait d'être retenu, et plus spécialement la détermination par l'ouverture de la bouche, entendue pour toutes les voyelles au sens de *cavité*, ils ont ajouté une définition vraiment caractéristique par le degré d'*acuité* qui donne aux résonances leur couleur sonore : découverte qui précède de plus d'un siècle celles de l'expérimentation.

Ils ont su distinguer lés timbres de leurs modalités : durée, intensité; mais tous ne tinrent pas pour également sensibles les mêmes caractères : les uns aperçurent les équivalences « aigu-fermé », « grave-ouvert » (Boindin, Duclos, Boulliette, Fromant, Demandre, Beauzée); les autres préférèrent celles de « aigu-bref, grave-long » (de Wailly, Roche, Domergue); les autres enfin furent frappés davantage par les modalités de durée et d'intensité (d'Olivet, Restaut, Roche), ou de clarté (Douchet).

Sont considérées comme « grandes voyelles » les *a*, *è*, *o*, *eu*, parce qu'elles sont modifiables en acuité; sont regardées comme « petites voyelles » *é*, *i*, *ou*, *u*, parce qu'elles ne sont modifiables, sauf pour Fromant, qu'en durée. Les variétés de l'*è* ouvert sont volontiers énumérées; l'*e* muet quand il est prononcé, est enfin défini et classé parmi les *eu*; les nasales sont réduites aux quatre encore prononcées, l'*in* étant assimilé à *en* (ẽ) (Boulliette).

S'inspirent seulement de l'enseignement reçu les auteurs suivants :

Billecocq (Les Regles de la Prononciation pour la Langue Françoise : 1711) reconnaît comme Hindret, Desmarais, des *a*, *e*, *o*, longs et brefs, *e* ouvert, fermé, muet; *em* se prononce comme *a*, *in* comme *è*; dans *diable*, *poele*, *boire*, on passe légèrement sur *i*, *o*, et l'on appuie sur *a*, *è* (p. 167, 209).

Jacquier (Méthode pour apprendre la Langue et l'Ortographe françoises : 1740, 4e édition) distingue aussi des *a*, *e*, *o* longs et brefs, et des *e*, muet, fermé, moins ouvert, très ouvert; et un son troisième : *an*, *en*, *in*.

Le provençal Mauvillon (Cours complet de la Langue Françoise : 1754) reprend à d'Olivet la distinction des longues et des brèves, à Restaut la division en voyelles simples, composées, nasales. Il met le premier un accent grave sur l'*e* de *père*, *mère*, *collège*, ouvert, selon Joubert, depuis le XVIe siècle (p. 33).

Harduin, d'Arras (Remarques diverses sur la Prononciation et l'Ortographe : 1757) enseigne que *a*, *i*, *ou*, *u*, ne changent que de durée; *e*, *o*, *eu* prennent un son clair ou éclatant ou sourd, et peuvent être longs ou brefs.

Montmignon (Système de Prononciation figurée : 1785), de Château-Thierry, enseigne que *a*, *e*, *i*, *ou*, *eu*, *u*, sont longues, brèves ou moyennes; que *e*, *eu*, sont ouverts ou fermés; que *un* est un *u* nasal (Tableau : p. 58).

CHAPITRE V

L'enseignement des sons de voyelles au XIXe siècle.

Tout ce qu'une observation raisonnée et méthodique des sons de la langue pouvait leur apprendre, les grammairiens du XVIIIe siècle l'ont enseigné; ceux du XIXe, en petit nombre, n'ont fait que recueillir leurs traditions; nous n'avons à citer que Lévizac, Girault-Duvivier, Napoléon Landais, Sophie Dupuis, Féline, Littré et Maigne.

L'abbé de Lévizac connaît fort bien ses devanciers, dont il représente l'usage un peu vieilli; dans son « Art de parler et d'écrire correctement la Langue Françoise » (1809, 4e édition), il répète que « les voyelles n'ont besoin que de la seule ouverture de la bouche » et que les changements entre les langues « sont dus à l'influence du climat qui agit et donne plus ou moins de flexibilité ». Les sons sont clairs et aigus ou sourds et graves selon le pays : ainsi se fait-il l'écho des théories de Montesquieu, reprises aussi par Du Marsais (Encyclopédie : 1751).

Le français compte 5 voyelles, *a*, *e*, *i*, *o*, *u*, auxquelles l'abbé Girard, pense-t-il, ajouta l'*y* grec.

Il faut considérer le *son* et sa *durée*. « Le son est plein ou maigre plus ou moins, parce qu'il dépend de la forme du passage que la bouche prête à l'air pour en faire l'émission » : *i* est plus maigre que *u*, *e*, *o*, *a*. La durée « est le temps qu'on met à prononcer la voyelle ».

Il rappelle, après Du Marsais, que « ce n'est pas la manière d'écrire qui fait la voyelle, c'est la simplicité du son qui ne dépend que d'une situation d'organes, et qui peut être continué » (p. 44).

Son classement est emprunté à Dangeau :

Voyelles latines	a, e, i, o, ou.
Voyelles françoises . . .	eu, ou, è, e (au, eu, diphtongues impropres).
Voyelles sourdes nasales.	an, en, in, on, un, « ainsi appelées parce qu'on les prononce un peu du nez ».

Après avoir énuméré les déterminations de Port-Royal (par l'ouverture de la bouche), de Boindin, Duclos, Beauzée, Fromant (par la tonalité), il propose le Tableau suivant, où sont distingués, selon le système de Duclos, 14 sons, non compris *e* muet des monosyllabes (p. 48) :

à grave	pâte.	i	ici.
a aigu.	patte.	ô grave	hôte.
é fermé.	bonté.	o aigu	hotte.
è ouvert commun . .	père.	u	vertu.
e plus ouvert	fermeté.	eû grave	jeûne.
e très ouvert	succès.	eu aigu	jeune.
e muet	mesure.	ou	sou.

5 nasales : *an*, *en*, *in*, *on*, *un*, « dont le son est simple et indivisible », sans rien retenir de *m*, *n*; toutefois, il n'y en a que 4 : *am*, *ain*, *on*, *un*.

La « Grammaire des Grammaires » (1811) de Girault Duvivier (2e édition, Lemaire, 1844) reproduit, presque mot pour mot, les observations de Boulliette sur la nature des voyelles, dont la « voix sort librement », qui « peuvent se prononcer seules », et « sont plus ou moins *brèves*, plus ou moins *longues*, selon que l'on met plus ou moins de temps à les prononcer » (p. 5). En outre, « le son des voyelles peut être *aigu* ou *grave* »; le son aigu « est un son faible et délié qui n'est produit que par un filet d'air ou de voix et qui n'exige qu'une petite ouverture de bouche ». Quant aux sons graves, « ils sont plus forts, plus gros et plus remplis, parce qu'ils sont formés par une plus grande abondance d'air qu'on pousse de la bouche » (p. 6). Enfin, « les brèves sont toujours aiguës, les graves toujours longues ».

Peuvent devenir graves *a*, *e*, *o*, *eu*, mais non pas *i*, *u*, *ou* : voici le Tableau de ses voyelles « d'après leurs sons » (p. 8) :

a aigu bref.	patte.	o aigu bref. . . .	une cotte.
â grave, long. . . .	mâle.	ô grave long . . .	côte.
ê grave ouvert . . .	tempête.	eu aigu bref. . . .	jeune.
è aigu ouvert. . . .	il tette.	eû grave long . . .	jeûne.
é fermé	vérité.	ou aigu bref. . . .	coucou.
e muet	une table.	u aigu bref	usure.
i aigu	ici, fruit.		

an (ange); in (ingrat); on (bon); un (chacun).

Soit 13 voyelles orales, et 4 nasales : ce sont les 17 sons de Boulliette.

Napoléon Landais (Grammaire Française : 1836) est plus personnel dans ses dénominations, tout en s'inspirant plutôt de Restaut et de Demandre. « Dans les voyelles formées d'une seule lettre, nous considérons deux choses, le son simple et le son prolongé, qui fait qu'une syllabe est dite *brève* ou *longue*, alors qu'elle est prononcée plus ou moins rapidement ».

Cette définition de la quantité est plus exacte que celle de Restaut : pourquoi, dans l'application, s'en écarte-t-il au bas de la même page? « *A* rend un son grave et long, c'est-à-dire qu'on appuie plus ou moins longtemps pour le prononcer ». Intensité, durée, tonalité, semblent ainsi se suppléer trop facilement.

Toujours eu égard à l'écriture, à côté des voyelles dites « *simples* », parce que transcrites par une seule lettre (a, e, i, o, u, y), sont des voyelles « *composées* » (eu, ou, ai, eai...) « qui ne rendent cependant qu'un son, proféré par une simple émission de la voix » (p. 21), et des voyelles « *nasales* » que l'auteur préfère appeler « syllabes nasales » (am, an, ean, ein, in, om, on, um, un, ym).

Parmi les voyelles « simples », les *a*, *e*, *o*, appelés ouverts sont les *a*, *e*, *o*, graves et ouverts de Beauzée, d'Olivet, Restaut, de Wailly, Domergue : « *a* est ouvert et long » dans *acre*, *âge*, *âme*; à la fin du mot, il est « fermé bref » : il *alla*, il *ira*... (p. 77) Il devient un peu « aigu et bref dans du *taffetas* » (p. 78). « Il est grave et long dans *âge* » (p. 21).

Il y a 5 *e*, avec l'*e* muet qui, selon l'auteur, n'a pas le son de *eu* : ces *e* sont l'*e* « peu ouvert dit moyen ou commun » sans accent (autel, mortel, semaine, peine, tiret); l'*e* « plus ouvert, dit ouvert grave » (thèse, succès, les, des, être, il est, naître, bienfait, j'avais, allaient, paix); l'*e* très ouvert (mer, terre, verre); l'*é* fermé qu'on prononce « en ouvrant peu la bouche et en serrant les dents » (vérité, j'aurai, aimer, bonté, lisez, et non pas je sais); l'*e* muet qui « se fait à peine entendre » (monde, pesant, aiment).

i « est de toutes les voyelles celle dont le son est le plus aigu et le plus maigre » : il est *bref* (symétrie), ou *long* (gîte, épître).

L'*o* « naturel se prononce sans appuyer dessus et sans grossir la voix »; il est soit *grave* (Saône, duo, zéro), soit *aigu*, devant consonne sentie (choc). En outre, il est « *ouvert* et *long* » dans « os, osier », et « *fermé bref* » dans « hôtel », exemples empruntés à l'abbé d'Olivet (p. 81).

L'*u*, comme l'*i*, est *long* ou *bref*: « il varie peu et se produit naturellement en sifflant du bout des lèvres » (vertu, du, j'eus).

Les deux voyelles composées, à son distinct et simple, sont *ou*, *eu*; le son de *ou* « est toujours le même » (mou, hibou, boue). L'*eu* est « grave » dans « jeûne », « aigu » dans « jeune » (p. 36).

Les syllabes nasales sont ainsi appelées parce que le son de voix en est formé « des voyelles simples, *a*, *e*, *i*, *o*, *u*, ou des voyelles composées, *ai*, *ea*, *ei*, *eo*, *eu*, combinées avec les lettres *m* ou *n* finales » (p. 37). Elles se réduisent à 4 sons simples, malgré les formes variées de leur écriture.

Bien que N. Landais ait négligé de dénombrer ses voyelles, nous pouvons lui attribuer 2 *a*, 4 *e*, 2 *o*, 2 *eu*, 1 *i*, 1 *u*, 1 *ou*, 4 *nasales*; soit, avec l'*e* muet, 18.

La même année, Mme Sophie Dupuis publiait son « Traité de Prononciation » où elle blâme, comme Fromant, la division des voyelles simplement en longues et en brèves : « La connaissance des sons, que la langue écrite n'apprend pas toujours, n'a pas été suffisamment approfondie par le système des longues et des brèves » (XIV).

A, *O*, *EU* ont deux inflexions; E en a cinq; I, U, OU, une seule.

a . . . . est bref, aigu, doux, tendant vers *e* ouvert, dans *apparat*, *Canada*.
a . . . . est long, grave, dans *mât*, *Lucas*.
o . . . . est fort et grave, dans *pose*, *chose*, *pot*, *côte*.
o . . . . est doux, dans *hors*, *or*, *numéro*.

L'auteur trouve une intonation forte dans *au*, de *Pau*, *peau*, et douce dans celui de *aurore*.

eu . . . . . . est grave, dans *euphonie*, *lieue*, *adieu*, *vœu*, *nœud*, *neutre*.

eu	est doux, dans *cœur*, *sœur*, *filleul*.
i, u, ou	ne sont que longs ou brefs.
e	est ouvert grave dans *fête*.
e	est moyen, demi-ouvert, dans *fêtons*, *cédions*.
e	est fermé, aigu, dans *fêter*, *prêter*, *plaisir*, *baisser*.
e	(eu) dans *Bretagne*.
e	muet dans *vraie*.

Pour la première fois, l'auteur note, en s'opposant à Domergue sur ce point, l'*e* fermé marqué *ê*, *ai*, de *prêter*, *plaisir*... ainsi prononcé à Paris; elle ne distingue plus les nuances du singulier et du pluriel, dans *le pot*, *les pots*... et ne sait point reconnaître la vraie place de l'*e* de *Bretagne*. Avec les 5 nasales *an*, *en*, *in*, *on*, *un* (p. 90) elle compte 18 voyelles.

Le « Dictionnaire de la Prononciation de la Langue Française » (1851), de Féline, né et mort à Paris, présente, à côté de l'écriture usuelle des mots, un essai d'écriture phonétique constituée par un « alphabet rationnel et universel ». Conçu et appliqué par une commission officieuse, dont les membres étaient MM. Jomard, Mérimée, de Saulcy, Delahaye et notre auteur, il comporte 15 lettres répondant aux 15 voyelles reconnues dans le parler le plus correct.

Ces 15 voyelles sont définies et classées d'après les points de vue de de Wailly et Demandre (p. 26) :

â, ê, ô, eû	sont graves et longs.
a, ĕ, o, eu.	sont aigus et longs ou brefs.
i, u, ou	n'ont pas de variétés sensibles.
e muet.	est le même que celui de *jeune*.
an, in, on, un	sont les nasales.

Classement : a, â, an; ê, é, e, eu; i, in; o, ô, on; u, ou, un.

Féline est dans la tradition des grammairiens du XVIIIe siècle; Littré, qui était aussi de Paris, la représente encore dans son « Dictionnaire de la Langue française », publié de 1863 à 1872; voici le tableau qu'il propose de la figuration de la prononciation (p. 57) :

VOYELLES SIMPLES		NASALES
a, 2 sons	avoir.	an.
	âme.	in.
e, 4 sons : e muet	reprise, clavecin.	on.
é fermé	lié.	un.
è ouvert	sujet.	
ê long très ouvert	tête, reine.	
i, 2 sons : bref	i.	
long	î.	
o, 2 sons : aigu	croquer, police.	
grave	hôte, le nôtre, au, aux, eaux, os.	
ou, 1 son (appelé diphtongue).		
u, 2 sons : bref	u.	
long	û.	
oe, 2 sons : aigu		
grave		

soit 17 voyelles, dont 13 orales et 4 nasales. L'on ne peut nier l'indécision de l'auteur à propos des *a*, des *oe*, et sa méprise au sujet de *ou*; indices inquiétants d'un fléchissement de l'intérêt porté aux études des sons, et de l'oubli des nomenclatures traditionnelles.

Le « Traité de la Prononciation Française » de Jules Maigne (1868) confirme cette impression; il annonce au chapitre II que « la langue française a trente sons élémentaires qui comprennent 12 voix et 18 articulations ». Ces 12 voix sont : a, e, é, i, o, u, eu, ou, an, in, on, un. Mais chacune de ces voix a une quantité variable, *longue*, *moyenne* ou *brève* (Cf. Montmignon) :

a long.	baîller.
a moyen.	chasse.
a bref.	bail, bas de laine.
è long.	bête, alêne.
è moyen	haleine.
è bref.	bette.
é long.	pêcher.
é bref.	péché.
i long.	prîtes.
i bref.	ici.
o long.	corps, côte, peau.
o bref.	pot, sot, flotte, cor.
eu long.	jeûne.
eu bref	feu, déjeune, montueux.
ou long.	dégoûter, voûte.
ou bref.	dégoutter.
u est oublié.	
an long.	avant, van, tente.
an moyen.	avent, penser, tente.
in long.	faim, pain.
in bref.	fin, pin.
on long.	bond.
on bref.	bon.
un bref.	aucun, parfum.

La perception des durées a remplacé partout celle des timbres ouverts ou fermés, aigus ou graves; elle masque la distinction des *o* de *corps* et de *côte*, des *eu* de *déjeune* et de *montueux*, assurément observée dans la prononciation; elle introduit enfin des distinctions alors perdues, comme celles de *avant* et *avent*, *pin* et *pain*. Le désarroi est complet; l'oubli des principes de classification, jusque-là respectés, est évident.

*
* *

Parvenus à ce moment du siècle où les linguistes commencent de soumettre toutes les langues à leurs recherches, nous estimons intéressant de mesurer le chemin parcouru. C'est au xvie siècle, on l'a vu, que les Humanistes ont songé à définir de façon méthodique les sons des voyelles ; ils les considérèrent sous deux aspects : l'un *acoustique*, qui tenait compte de l'impression de clarté sonore des *e* d'abord, d'où le nom d'*e* « cler » par exemple, opposé normalement à celui d'*e* « sombre, sourd » (Peletier, de Bèze), et de « *e* plein » en face de « *e* faible » (Sylvius, de Bèze) : ces termes encore vagues appelaient des précisions qui furent demandées à la simplicité du son (Pasquier, de Bèze), puis, comme l'enseignaient les anciens, à l'impression de la durée « longue » ou « brève » que donnait la voyelle (Baïf, de Bèze, R. Estienne, Ramus) ; l'autre *physiologique*, qui se fondait sur le degré « d'ouverture de la bouche », apprécié encore vaguement soit d'après le volume de sa cavité réglé par les positions de la langue, soit d'après l'aire de l'orifice réglée par le jeu des lèvres : d'où les appellations de « clos, fermé » et « ouvert », d'abord appliquées aux *e*, puis aux *o*, mais déduites pour les *e* de la cavité, pour les *o* de l'orifice (Meigret).

Aux siècles suivants, les grammairiens reprirent les deux dénominations : par la *physiologique*, presque tous, à la suite de Port-Royal, considèrent comme « fermés » et « ouverts » d'abord les *e*, puis *a*, *o*, *eu*, d'après l'ouverture seulement, entendons la cavité de la bouche ; par l'*acoustique*, invoquée pour compléter ou préciser la précédente, les grammairiens se départagent ainsi, d'après les préférences de leur oreille ou leurs préjugés : les uns, sensibles à la tonalité grave ou aiguë des sons des voyelles, définissent par cet élément nouveau, en premier lieu les *e* et les *o*, sans doute à la faveur des accents qui représentaient l'un le ton aigu, l'autre le ton grave des Grecs ; en second lieu les *a* et les *eu*, de sorte que « fermé » équivalait à « aigu », « ouvert » à « grave » (Boindin, Duclos, Beauzée, Boulliette, Demandre, de Wailly, Lévizac, N. Landais, G. Duvivier, S. Dupuis) ; les autres préfèrent l'aspect « long » ou « bref » des anciens et des Humanistes, complété par le degré d'ouverture pour les *a*, *e*, *o*, *eu* (Maupas, Chifflet, Desmarais, d'Olivet, Restaut, Roche), puis les couples « aigu bref, grave long » pour les *e* (Roche), pour toutes les voyelles (de Wailly, N. Landais). Enfin la notation en vint à représenter, sans qu'on s'en doutât, l'intensité (Restaut, de Wailly), et la seule quantité (Maigne).

Ainsi la perception du timbre, caractérisée surtout par celle de la tonalité aiguë ou grave, fit place peu à peu, et plus généralement dans les grammaires élémentaires et les Dictionnaires, à celle des modalités : quantité, intensité. Si, le plus souvent, les concordances se trouvent vérifiées, elles n'autorisent point à confondre des faits aussi distincts et d'ailleurs séparables.

Telles étaient les notions et la terminologie en cours sur les timbres des voyelles, quand, au milieu du siècle dernier, les linguistes puis les phonéticiens les reçurent des grammairiens. La transmission ne s'est pourtant pas faite en un jour; il nous paraît utile de marquer ici quels ouvrages ou travaux préliminaires l'ont alors facilitée.

En premier lieu, la « Grammaire comparée » de Bopp (1833-1852) qui, écrit Michel Bréal dans l'*Introduction* de cet ouvrage traduit par lui en 1865, fait observer « les modifications éprouvées par les langues » telles que le sanscrit, le grec, le latin, le gothique, le persan, à leur origine, et montre « l'action des lois qui ont fait prendre à ces idiomes sortis du même berceau des formes aussi diverses ». On savait déjà la parenté de ces langues, remarquée au XVIIIe siècle par le P. Cœurdoux qui en fit une relation en 1763, et mise en lumière par W. Jones en 1786 (1). D'autres ouvrages tels que ceux de Grimm (1822), de Schleicher (1856-1861), de Curtius (1864) firent voir successivement les correspondances, non pas seulement des lettres, mais des articulations entre les différentes langues qui constituent la famille indo-européenne (2) : il fut établi aussi que ces correspondances

(1) L'Académie des Inscriptions et B. Lettres fit demander par l'abbé Barthélemy un rapport au P. Cœurdoux; la réponse, adressée en 1767, n'éveilla malheureusement pas l'intérêt des savants, et ne fut publiée qu'en 1808. Pendant ce temps, W. Jones reprenait l'étude, dont l'initiative nous échappait pour toujours. (Sur les développements de la Linguistique comparée, lire : A. Meillet, *Introduction à l'étude comparative des langues Indo-Européennes*, 1903; *Appendice*.)

(2) La famille *indo-européenne* « est l'ensemble des langues qui sont des formes diversement évoluées de l'indo-européen » (Cf. *Les Langues du Monde*, 1924, p. 2). L'indo-européen est l'idiome inconnu parlé en Asie Occidentale et en Europe, dont les formes évoluées sont actuellement représentées par les dialectes suivants : l'indo-iranien, le baltique et le slave, l'albanais, le grec, le germanique, le celtique, l'italique (Cf. A. Meillet : *op. cit.*, p. 24, 46).

étaient soumises à des règles fixes et constantes, et autorisaient à formuler d'une langue à l'autre des rapports certains de parenté, et, entre deux époques d'une même langue, des rapports également sûrs de filiation. C'est Diez qui appliqua le premier la méthode comparative aux langues romanes (1) issues du latin : le français, le roumain, l'italien, l'espagnol, le rhétique.

Ce développement des langues, soumis à des lois fixes et constantes (2), nos grammairiens ne l'ont jamais entrevu ; mais, il faut bien le dire, pendant que les philologues étendaient ainsi leur horizon, ils perdaient de vue les éléments sonores qui sont à la base des langues parlées, et oubliaient les méthodes d'observation qui avaient permis de les définir et de les classer. D'autre part, le système des voyelles françaises, tel que l'avaient constitué les grammairiens du siècle passé, était trop riche pour être ramené aux classifications rigides et réduites des langues indo-européennes mortes ou vivantes : mal interprété par les grammairiens français eux-mêmes, mal perçu par les grammairiens étrangers qui entendaient ou restituaient les sons de leur propre langue, il risquait de n'être plus qu'un souvenir, si les travaux des physiologistes n'eussent fourni aux définitions et aux classifications des linguistes des fondements plus réels et

(1) Les *langues romanes* sont des formes diversement évoluées du latin, qui fut lui-même, avec l'ombien, l'osque, un dialecte de l'italique. Les parlers romans sont représentés par le français, le provençal, l'italien, le rhétique, l'espagnol, le catalan, le portugais, le roumain.

(2) Sur le sens et la portée des « lois phonétiques », Cf. Vendryès : LE LANGAGE, 1921, p. 50.

plus tangibles que ceux de correspondances simplement littérales ou subjectives.

L'allemand Brücke, en 1856, fait paraître ses « Grundzüge der Physiologie » où se trouve examiné le rôle des organes vocaux dans l'émission des sons de diverses langues modernes; de 1857 à 1869, le tchèque Czermak se sert du laryngoscope inventé par le chanteur Garcia pour observer le fonctionnement des cordes vocales; le même savant s'attache aussi à déterminer les mouvements du voile du palais; enfin, en 1871, Wolf entreprenait sur les champs auditifs de l'ouïe normale et anormale des recherches qui seront continuées par Bezold.

Dans le même temps, le physicien allemand Helmholtz abordait l'étude des sons par leur aspect physique; dans son livre paru en 1862, puis en français en 1868, « Théorie physiologique de la Musique fondée sur l'étude des sensations auditives », il voit dans la voyelle un timbre ou son de résonance dû aux résonateurs que la bouche peut constituer, et défini par la série des sons harmoniques qui le composent (1).

Ainsi abordés par tous leurs aspects observables, *orga-*

(1) « Pour se rendre compte, dit-il, de la composition des voyelles, il faut d'abord remarquer que le son prend son origine dans les cordes vocales; celles-ci, quand la voix résonne avec force, agissent comme des anches membraneuses, et, comme toutes les anches de ce genre, produisent une série de secousses discontinues, nettement séparées, qui, considérées comme une somme de vibrations pendulaires, correspondent à un très grand nombre de vibrations de cette nature, et font par conséquent sur l'oreille l'effet d'un son formé d'une assez longue série d'harmoniques » (p. 136 : traduction Guéroult). Les notes des voyelles allemandes sont, d'après Helmholtz : *ou* = Fa_1, *o* = $Si\flat_2$, *a* = $Si\flat_3$, *eu* = Ut_4, *u* = Sol_4, *e* = $Si\flat_4$, *i* = $Ré_5$. Koenig complètera plus tard la notation.

niques, *physiques*, *acoustiques*, *évolutifs*, les sons parlés dépassaient maintenant le programme traditionnel des grammaires; pour être à jour, les grammairiens se firent donc phonéticiens, c'est-à-dire, autant qu'ils le purent, linguistes, physiologistes, physiciens. Parmi les premiers qui envisagèrent la nouvelle tâche dans son ensemble complexe, et contribuèrent à renouveler la science des sons parlés, il convient de citer Sievers (Grundzüge der Phonetik : 1876); Sweet (A Handbook of Phonetics, et A Primer of Phonetics : 1877, et 1890) qui fit connaître, en le mettant au point, le « Visible Speech » du professeur de diction Bell (1867); Trautmann qui appliqua les méthodes nouvelles à la prononciation de l'allemand, du français et de l'anglais (1884, 1901); Viëtor qui constitua la phonétique de plusieurs langues vivantes dans « Elemente der Phonetik » (1884) et diverses Revues; Breymann qui fit connaître les travaux de Phonétique de 1840 à 1895, dans sa « Die phonetische Literatur » (1897).

En 1887, paraissait le petit livre de F. Passy, « Les sons du Français », destiné, en même temps que le « Maître Phonétique », à l'enseignement de la prononciation française selon les méthodes récentes. La même année, dans la « Revue des Patois Gallo-Romans », Gilliéron et l'abbé Rousselot imaginaient un alphabet destiné à noter toutes les nuances des voyelles et des consonnes particulières à ces patois. Quand ce dernier, vers 1890, eut ajouté aux moyens d'observation forcément restreints des « phonéticiens de l'audition », ceux de l'expérimentation, en demandant aux *tambours inscripteurs* de Marey d'inscrire les mouvements des organes parlants, le régime du souffle émis, les vibrations de ce souffle ou des cartilages eux-mêmes, au *palais artificiel* imaginé par Kingsley, déjà employé par Lenz, le dessin des contacts de la langue sous le palais pour chaque articulation, la science de l'enseignement des sons était renouvelée, et la Phonétique constituée indépendamment de la Grammaire.

Jusqu'aux publications de Passy, Gilliéron et Rousselot (1887), les nombreux amateurs de patois, qui eurent à transcrire les sons de voyelles très diverses, fondèrent leurs dénominations sur l'impression vague de la durée longue ou brève, ou encore la sensation imprécise de l'ouverture de la bouche.

Bernard Jullien montre plus de prétention scientifique : à la page 16 de son travail sur « Les éléments matériels du Français » (1875), il déclare que les mots « graves et aiguës, brèves et longues n'apprennent rien sur la nature du son ». Son oreille, peu favorisée par la nature, n'est en effet sensible qu'aux sons « clairs ou foncés » :

> sont *claires* les voyelles « avancées » (sur le devant de la bouche) *a* (chat), *è* (près), *o* (bord), *eu* (seul).
> sont *foncées* les voyelles « reculées » (plus enfoncées vers la gorge) *â* (bât), *é* (thé), *ô* (gros), *eu* (jeu).

Enfin, le mot « fermé » venant de « firmatum » veut dire « appuyé » (p. 17).

Le « Tableau figuratif de la Prononciation » (Dictionnaire général de la L. Fr. par Hatzfeld, A. Darmesteter, A. Thomas : 8e édition, 1926) distingue « au moins 12 voyelles pures et 4 voyelles nasales ». Les pures sont *longues*, *brèves* ou *moyennes*, en même temps que *ouvertes* ou *fermées*, excepté *i*, *ou*, *u*. Mais dans le cadre ainsi constitué, les cases de *a* fermé bref, *é* fermé long ou bref, *o* fermé bref, *eu* ouvert bref, *eu* fermé bref, sont vides; par contre, il existerait des *a* et des *e* mi-ouverts qui ne sont point figurés. Ainsi, comme celui de Bell, le cadre en est plus théorique que réel; mais il est tenu compte des données de la phonétique.

CHAPITRE VI

L'enseignement des sons de voyelles au XXe siècle.

Voyons maintenant comment fut envisagée et reprise au début de ce siècle l'étude de nos voyelles, et ce qu'elle y gagna. Le premier soin des linguistes, pour se comprendre, fut d'établir une définition du timbre contrôlable par tous; or, « la distinction toujours vivante, remarque l'abbé Rousselot qui a bien vu les faits, de l'*è* ouvert et de l'*é* fermé leur parut bonne et ils l'étendirent à d'autres voyelles, d'abord à l'*o*. Mais au lieu de considérer comme Port-Royal l'intérieur de la bouche, ils ne regardèrent que les lèvres, et déclarèrent fermé l'*o* de hôte. L'*a* de pâte suivit, et resta fermé malgré des protestations qui renaissent tous les jours ». (Revue de Phonétique : 1911, 1, p. 28.)

Question de point de vue; l'on était revenu, sur la foi d'analyses non contrôlées, à la classification de Meigret; pour être logique, il eût fallu reprendre celle de Port-Royal et de presque tous les grammairiens du XVIIIe siècle et du début du XIXe. A vrai dire, le système de Bell, repris par Sveet, tient compte avant tout des positions de la langue sous le palais, de bas en haut, d'arrière en avant; le rôle des lèvres y paraît accessoire (1). Il n'eut pas d'ailleurs le succès de celui de l'allemand Helwag (1781), mis au point par Viëtor (1884), et plus récemment adapté par W. Ripman (1921 : Elements of Phonetics).

Dans ce dernier système, la position linguale de la voyelle *a* est position neutre et de départ; la langue s'élève de là en avant pour *è*, *é*, *i* et *eù*, *u* (série dite antérieure et palatale), et en arrière pour *â*, *ô*, *ou* (série postérieure ou vélaire) et par sa partie médiane pour certaines voyelles de certaines langues, *oe*, bulgare, *î* roumain, *y* suédois... En outre, chacune de ces trois séries peut être arrondie ou non, c'est-à-dire comporter ou non une fermeture progressive des lèvres : d'où leur disposition possible en forme de triangle :

palais

i u y ou

dents é eu oe ô *voile.*

è o

a

En prenant comme critère *l'élévation de la langue*, le tableau nous montre clairement que la fermeture croît sur *a*, *é*, *i*; *a*, *ô*, *ou*, et *a*, *oe*, *u*; en sorte que l'*o* proche de *a* est plus ouvert que l'*ô* proche de *ou*. Mais c'est mal poser le problème, et se fier une fois de plus aux apparences qui sont trompeuses, car ce n'est point l'élévation de la langue qui importe pour *o*, *ô*, *ou*, mais *son recul au fond de la bouche*, et, *par l'effet de ce recul combiné avec la fermeture labiale, l'agrandissement de l'intérieur de la bouche ou cavité résonante.*

(1) Suivant Bell, la langue rejoint le palais en arrière (back), au milieu (mixed), en avant (front), et à des distances basses (low), moyennes (mid) et hautes (high), et avec tension (narrow) ou non (wide) : enfin chaque voyelle est arrondie (round) ou non (not round). Le tableau présente surtout un cadre théorique.

Etant donné que celle-ci est la plus grande pour *ou*, il s'ensuit que l'*ô* de hôte, voisin de *ou*, est plus ouvert (de cavité plus grande au sens de Port-Royal) que l'*o* de *sol*, voisin de *á*, et que *á* lui-même l'est davantage que *a*. Par degrés croissants d'ouverture, l'accent grave (\\) désignant les ouvertes, l'aigu (/) les fermées, nos voyelles s'ordonnent comme il suit, en passant des aiguës aux graves :

í, i, é, e, è, á, a, à, ó, o, ò, ou, où
ú, u, oé, oe, oè, a.

Mais à *considérer les lèvres*, ce qui introduit un second critère, elles se ferment assurément pour *á*, *o*, *ó*, *ou*, et l'ordre suivant de fermeture croissante est le suivant :

í, i, é, e, è, à, a, á, ò, o, ó, ou, oú.

A partir de *a*, les signes changent de sens, c'est-à-dire que de *i* à *à* ils marquent l'*ouverture de la bouche* par abaissement de la langue, de *á* à *oú* la *fermeture par les lèvres*. « La fausseté de cette classification (physiologique à double critère), note l'abbé Rousselot, est évidente pour les *a* (notre *a* ouvert est assurément le plus fermé et notre *a* fermé le plus ouvert »). Elle n'en est pas moins en faveur auprès de tous les phonéticiens et des grammairiens d'aujourd'hui, et bien peu se soucient de fournir des précisions ou simplement d'en chercher.

L'abbé Rousselot pensa la rendre plus objective en lui donnant pour point d'appui « la sensation musculaire ». D'après lui, « comme on sent plus facilement l'effort que les degrés d'ouverture ou d'acuité », il suffirait de changer « *ouverte* en relâchée ou douce, *fermée* en tendue, appuyée ou forte ». Mais il ajoute aussitôt qu'elle « manque de précision ».

Voilà pourquoi la classification **acoustique** par les

degrés d'acuité lui parut préférable et le devrait paraître à tous les phonéticiens. Contrôlée et corrigée par l'analyse physique, dont l'objet, on le sait, est la vibration aérienne génératrice des sons parlés, elle écarte les interprétations divergentes, parce qu'elle « repose sur un principe unique, facile à reconnaître, la hauteur du ton propre au résonateur buccal ». Pour cela, il suffit de « comparer entre elles les voyelles chuchotées, c'est-à-dire débarrassées de la note du larynx et de ses harmoniques », comme faisaient les anciens grammairiens qui « n'ont commis d'erreur que pour la voyelle *eu* », proposée comme grave dans « jeune » alors qu'elle y est aiguë, et pour *î* (Fromant).

Au surplus, elle s'accorde avec la classification physiologique bien comprise, c'est-à-dire envisageant le résonateur buccal (cavité et orifice) qui s'agrandit des voyelles aiguës aux graves, ou diminue des graves aux aiguës.

Nous pouvons reconstituer, avec les trois aspects *physique*, *acoustique* et *physiologique*, le tableau de nos voyelles observées par l'abbé Rousselot, vers 1900, dans la bourgeoisie parisienne. Le point de vue acoustique, par le degré d'acuité, est celui qu'il proposa en 1911; le point de vue physiologique, tel qu'il le concevait en 1899 (Parole) et 1902 (Précis), s'est modifié en 1911 (Revue de Phonétique), parce que sont devenues « synonymes les expressions aiguë et fermée, grave et ouverte ». Notons que l'accent aigu (´) surmonte les voyelles aiguës et fermées, l'accent grave (`) les voyelles graves et ouvertes. Quant aux notes de résonance, elles sont représentées par le nombre de leurs vibrations doubles (v. d).

Les voyelles des séries « primaire » et « secondaire » appartiennent à des gammes différentes, simplement parallèles.

Tableau des voyelles de l'abbé Rousselot reconstitué d'après ses ouvrages et son enseignement.

PHYSIQUE	ACOUSTIQUE	PHYSIOLOGIQUE		EXEMPLES
	(1911)	(1902)	(1911)	
—	—	—	—	—
		Série primaire :		
í = 3624 v. d.	í aigu.	í fermé.	í fermé.	scie, bise.
i = 2756 . .	i moyen.	i moyen.	i moyen.	ville, site.
é = 1812 . .	é aigu.	é fermé.	é fermé.	nez, blé.
e = 1596 . .	e moyen.	e moyen.	e moyen.	était, aimable.
è = 1368 . .	è grave.	è ouvert.	è ouvert.	fer, air, sel.
á = 1140 . .	á aigu.	à ouvert.	á fermé.	char, moi.
a = 1024 . .	a moyen.	a moyen.	a moyen.	ma, madame.
à = 906 . . .	à grave.	á fermé.	à ouvert.	âme, las, pas.
ó = 798 . . .	ó aigu.	ò ouvert.	ó fermé.	or, sol, bonne.
o = 684 . . .	o moyen.	o moyen.	o moyen.	hôtel, mauvais.
ò = 453 . . .	ò grave.	ó fermé.	ò ouvert.	hôte, nos.
ou = 342 . . .	ou moyen.	oú moyen.	ou moyen.	route, boule.
où = 221 . . .	où grave.	oú fermé.	où ouvert.	roue, douze.
		Série secondaire :		
eù = 704 . . .	eù grave.	eù ouvert.	eù ouvert.	heure, seul.
eu = 1240 . .	eu moyen.	eu moyen.	eu moyen.	le, mener.
eú = 1408 . .	eú aigu.	eú fermé.	eú fermé.	eux, œufs.
u = 1786 . .	u moyen.	u moyen.	u moyen.	une, lutte.
ú = 2120 . .	ú aigu.	ú fermé.	ú fermé.	sur, ruse, rue.
		Série nasale :		
à̃ = 918 . . .	à̃ grave.	banc, dent, camp, temps, paon, Caen.		
è̃ = 1348 . .	è̃ grave.	bien, vin, timbre, saint, faim, teint.		
ó̃ = 690 . . .	ó̃ aigu.	son, tombe.		
oè̃ = 1352 . .	oè̃ grave.	lundi, parfum, à jeun.		

Au total : 18 orales, et 4 nasales ; soit 22 nuances perçues et articulées. Les dialectes français possèdent jusqu'à 4 *a*, *e*, *o*, *eu*, soit 26 voyelles ou timbres.

Un simple coup d'œil sur la notation physiologique montre, ainsi qu'on l'a déjà dit, à quelles contradictions on s'expose, selon le point de vue adopté : langue pour *a*, *é*, *i*; lèvres pour *a*, *o*, *ou* (1902); ou bien langue seule ou cavité (1911). A cet inconvénient, pas d'autre remède, suggère l'auteur, que l'adoption exclusive de la notation par les termes et les signes du degré d'acuité : « Nul n'aurait de peine à dire, ni d'embarras à entendre : *a* est aigu dans *patte*, et grave dans *pâte*; *o* est aigu dans *hotte* et grave dans *hôte*; *ou* est aigu dans *boule* et grave dans *boue* » (Rev. de Phon., I, p. 29).

De fait, à partir de ce moment, il n'use plus que de cette notation, à laquelle il accommode la notation physiologique en tenant compte des tons de résonance qui passent de l'aigu au grave quand le résonateur s'agrandit, du grave à l'aigu quand le résonateur diminue (1). Voilà pourquoi l'*à* grave de *pâte*, fermé en 1902 dans le « Précis de Prononciation française », est ouvert en 1911 dans la « Revue de Phonétique ». Sans doute, l'appellation reçue paraît commode pour l'enseignement; elle n'en laisse pas moins dans l'embarras l'auditeur désireux de comprendre.

Le Traité des « Sons du Français » de Passy explique fort bien par le jeu de la langue l'agrandissement de la caisse de résonance buccale pour les graves (a, o, ou) et sa diminution pour les aiguës (a, é, i); il n'en fonde pas

(1) Le changement qui s'ensuit dans les signes ne répondant qu'à une convention entre savants, sans intéresser la graphie usuelle, offre peu d'inconvénients : il n'avait point répugné à Jacquier (1740), ni à Domergue (1797), qui écrivirent *àne*, *hòte*.

moins, sans nous prévenir, sa classification des voyelles sur les positions de la langue pour les *a*, *é*, *i*, sur celles des lèvres pour les arrondies *o*, *ou*, *eu*, *u* (pp. 77, 80).

Adopte le même point de vue M. Martinon (Comment on parle français), qui classe l'*a* grave dans la série des arrondies et fermées (a, o, ou) par le jeu des lèvres : il reconnaît les couples « fermé aigu », et « ouvert grave »; mais « comme il convient, dit-il, de choisir, pour simplifier le vocabulaire, nous emploierons les deux termes « ouvert et fermé », qui sont ceux dont les autres voyelles s'accommodent le mieux » (*op. cit.* p. 2). C'est esquiver la difficulté sans la résoudre. M. Bauche, dans son livre sur le « Langage Populaire », use des mêmes appellations sans entrer dans le détail : reconnaissons qu'il n'a fait que se conformer à l'usage de tous nos linguistes.

M. Grammont a mieux vu l'écueil, qui réside, au fond, dans les termes et le phénomème lui-même : *ouverture de la bouche*; dans son « Traité pratique de Prononciation française », il pense l'écarter comme il suit : « Les voyelles sont émises avec une ouverture buccale plus ou moins grande. Le degré d'ouverture buccale n'est pas en rapport direct avec la capacité plus ou moins considérable du résonateur buccal. Il est déterminé par l'écartement des mâchoires » (p. 12). Dans son « Traité de Phonétique » (1933), il rappelle que « ces appellations (fermées, ouvertes et moyennes) reposent sur l'observation du mouvement des mâchoires qui s'écartent plus ou moins l'une de l'autre pour l'émission des diverses voyelles » (p. 85), écartement qui peut aller en français de « 1 millimètre pour l'i fermé à 10 millimètres pour l'a ouvert ».

Et à la page suivante, M. Grammont range les voyelles dans l'ordre suivant, d'après leurs points d'articulation linguale *d'avant en arrière* (´ = fermé, ` = ouvert) :

í, i, ì, é, e, è, á, a, à, ò, o, ó, où, ou, oú
ǘ, ü, ǜ, óe, oe, òe.

Sans doute, l'écartement des mâchoires donne bien la sensation de l'ouverture ou de la fermeture buccale, mais suffit-il à résoudre la question qu'il pose lui-même? Leur rapprochement se trouve en effet répondre à la fois à des cavités diminuées (a, é, i), et à des cavités augmentées (a, o, ou); c'est dire, si leur écartement « constitue ce qu'on appelle l'ouverture buccale », *qu'une même ouverture répondrait à la fois à des sons aigus, et à des sons graves.* La contradiction persiste donc, et continuent de s'imposer les raisons qui ont décidé l'abbé Rousselot à abandonner la classification usuelle, « fausse ou ambiguë, dit-il, si elle a pour principe l'ouverture et la fermeture de l'organe » (1).

En s'arrêtant, sans autre explication, aux « positions des lèvres et de la langue », point de vue de Meigret, les auteurs de la Grammaire de l'Académie ne pouvaient que proposer un dénombrement imparfait et une définition ambiguë des voyelles françaises : « On en compte ordinairement seize principales », écrivent-ils. Le mot « ordinairement » est des plus accommodants. Ne saurait non plus manquer d'intriguer le lecteur épris de précision le terme « principales » : apparemment, la Grammaire de l'Académie reconnaît 11 voyelles orales et 4 nasales.

Orales : a, e, o, eu, ouverts et fermés . . . . soit 8.
i, u, ou, non déterminés . . . . . . soit 3.
Nasales : an, in, on, un . . . . soit 4.

(1) M. Bruneau, dans l'édition récente qu'il vient de donner de la « Grammaire historique » de F. Brunot, s'en tient aussi à la classification usuelle, comme dans son « Manuel de Phonétique générale ».

En tenant pour fermés l'*a* de *pàte*, l'*o* de *hôte*, la Grammaire adopte aussi la classification « fausse et ambiguë » des linguistes.

Reste l'*e* muet qu'elle ne sait à quelle catégorie rattacher quand il est prononcé à « son plein », comme dans *le*, *me*, *venir*... Et pourtant Duclos, de Wailly, Fromant... ont observé, il y a près de deux siècles, qu'il « n'est proprement que la voyelle *eu* sourde et affoiblie ». Il eût fallu aussi, sur ce point, « s'affranchir du préjugé ».

Nous n'avons par ailleurs trouvé aucun grammairien notable, soit au XVIIIe, soit au XIXe siècle, qui ait proposé 16 voyelles : Restaut n'obtient ce chiffre qu'en introduisant 5 nasales au lieu de 4 plus généralement reçues; au reste, nous lui avons reconnu 20 voyelles longues ou brèves. Au XXe siècle, la « Grammaire Française » de Brelet (Cours supérieur, 1905) enseigne bien que l'on prononce 11 voyelles orales « en ouvrant plus ou moins la bouche » soit *a*, *e*, *eu*, *o* fermés, *a*, *e*, *eu*, *o*, ouverts, et *i*, *u*, *ou*, constants; mais comme chacune est susceptible d'être allongée ou abrégée, il est loisible d'en compter 22.

Plus contestable encore nous apparaît le principe formulé par la Grammaire de l'Académie de la distinction en orales et en nasales : « Si le son est émis uniquement par la bouche, écrit-elle, on a les voyelles dites orales ». Et plus loin : « Si le son est émis à la fois par la bouche et par le nez, on a les voyelles dites nasales ».

Accordons aux auteurs, qui ont annoncé leur souci de ne point paraître savants, le droit de ne pas faire usage de termes techniques; il demeure cependant possible de traduire exactement les faits en langage courant. Or, ni la bouche, ni le nez, « n'émettent » l'un des sons indiqués; ils renforcent seulement comme résonateurs certains des sons qui sont « émis » par le larynx. Si, dans la voyelle chuchotée, c'est-à-dire non alimentée par un son laryngien, le frottement de l'air contre les parois de la bouche est perçu sous une nuance vocalique, dans la voyelle parlée, il est recouvert par la résonance, et ne compte plus pour l'oreille.

Convenons donc que, pour parler avec autorité des sons du langage, les grammairiens, dont l'étude est de plus en plus spécialisée dans les faits de syntaxe, auraient intérêt à prendre l'avis des phonéticiens (1).

(1) Ne l'ont point jugé à propos quelques auteurs bien connus des élèves en notre siècle : voici comment la « Troisième année de Grammaire » de Larive et Fleury (1912, 61e édition) distingue et définit les voyelles : « Les voyelles proprement dites se divisent en palatales, qui se prononcent du palais, *a*, *è e*, *ai*, *i* ; en labiales, qui se prononcent des lèvres : *o*, *ou*, *u* ; en voyelles intermédiaires : *e*, *eu*, *oeu*. Les voyelles nasales qui se prononcent du nez : *an am*, *en*, *em*, *in*, *im*, *ain*, *aim*, *ein*, *on*, *om*, *un*, *um*, *eun* » (p. 5). C'est laisser au professeur un commentaire des plus ingrats.

Le « Cours de Langue Française : 3e degré » de MM. Maquet et Flot (1912, 44e mille) n'embarrasse pas moins le maître désireux d'expliquer comment « les voyelles pures sont ouvertes ou fermées, selon que leur timbre est plus ou moins aigu » (p. 20).

DEUXIÈME PARTIE

L'ENSEIGNEMENT DES SONS DE CONSONNES CHEZ LES GRAMMAIRIENS ET LES PHONÉTICIENS DEPUIS LE XVIe SIÈCLE JUSQU'A NOS JOURS

CHAPITRE PREMIER

Notions générales sur les sons de consonnes.

Le matériel sonore dont dispose l'organe parlant de l'homme n'est pas limité aux sons de résonance ou voyelles; il comporte aussi des sons de bruissement dénommés *consonnes* : les uns et les autres répondent à des ébranlements vibratoires imposés à la colonne d'air expiré le long du tube vocal. Dès lors qu'ils frappent l'oreille, ils rentrent dans la catégorie des sons; ainsi pensait déjà Beauzée : « Comme les articulations représentées par les consonnes ne sont pas moins du ressort de l'ouïe que les voix représentées par les voyelles, il comprend également les unes et les autres dans la classe des sons. » (Cité par Fromant : Supplément : p. 318.)

Ces ébranlements, quand ils sont de forme et de composition régulières, affectent l'oreille sous l'aspect de *résonances*; quand ils sont de forme et de composition irrégulières, ils sont perçus sous l'aspect de *bruits*.

De même que par leur intensité dominante certaines notes caractérisent telle ou telle résonance vocalique, certaines notes caractérisent aussi tel ou tel bruit consonantique. Ne pas percevoir ou percevoir confusément ces « notes caractéristiques », c'est être sourd aux sons de consonnes qui leur répondent.

En fait, l'oreille normale est douée d'une sensibilité assez fine pour discerner un son de bruit d'un son de résonance : veut-on s'en rendre compte? Il suffit, au cours de l'émission de *i*, *ou*, *u*, par exemple, dans *yeux*, *oui*, *huit*, de tendre quelque peu les organes disposés pour les articuler; le passage réservé à l'air se rétrécit, et du frottement aérien même léger qui s'ensuit naît un son de bruissement qui s'ajoute à la résonance, et la consonifie : on dit que l'élément articulé ainsi obtenu est « semi-voyelle » ou encore « semi-consonne »; l'écriture le représente par *y*, *o*, *ou*, *u* (pied, foi, ouie, lui).

Quand le son de résonance a disparu pour faire place au son de bruissement, il y a ce que, depuis les anciens, on appelle une « consonne ». Sans doute, dans la pratique du langage constitué par des mots, une consonne « sonne avec » une voyelle; mais il peut en être autrement : sont en effet parfaitement isolés et isolables les sons de *f*, *s*, *ch*, *v*, *z*, *j*, *l*, *r*, *m*, *n*, *gn*, *y*, *w*; le sont moins, parce que non prolongeables, mais le sont tout de même, ceux de *p*, *t*, *k*, *b*, *d*, *g*, par exemple dans le chuchotement. Il en est qui sont d'ailleurs significatifs par eux-mêmes : tels les sifflements de *s*, *ch*, *ps*, *pf*, écrits souvent *st*, *chut*, *pst*, le roulement de *r* (*litera canina*).

Les variétés de bruits que peut produire l'organe de l'homme sont, comme celles des résonances, en nombre indéfini. Il use à volonté, pour les obtenir, de deux procédés : celui de l'**explosion** et celui de la **friction** ou frottement, tous deux appliqués au courant d'air expiré; quelques langues seulement utilisent parfois le courant d'air inspiré. Il en résulte deux catégories de bruits, les *explosifs* et les *fricatifs*, chacun avec des variétés multiples résultant soit du point, soit du mode de l'articulation. Par là, on voit que l'élément acoustique est commandé par l'élément physiologique et physique.

Par le procédé de l'**explosion**, l'organe réalise tout simplement le coup d'une arme à feu ou à air comprimé : grâce à des occlusions effectuées en différents points du tube d'expiration, il interrompt momentanément l'écoulement de l'air qui s'accumule et se comprime derrière l'obstacle; puis, brusquement, il ouvre le passage, et le jet d'air explose en frappant l'oreille sous les diverses formes sonores dites « explosives », écrites *p*, *t*, *k*, *b*, *d*, *g*. Pourquoi cette diversité de bruits explosifs? C'est que l'éclatement se fait à des endroits différents du résonateur vocal, et par le jeu d'organes différents eux-mêmes ou différemment ajustés, qui créent pour la masse d'air une pression, une détente et une issue pareillement différenciées. On sait que les organes spécialement mobilisés dans l'articulation sont, outre les poumons qui jouent le rôle de soufflet, les *cordes vocales*, le *voile*, la *langue*, les *mâchoires* et les *lèvres*.

Par exemple, le « coup de glotte », dit aussi « attaque forte », plus particulier aux langues germaniques, résulte de l'action brusquée des cordes vocales; plus doux et plus régulièrement progressifs sont leurs mouvements dans les autres langues.

Les bruits transcrits *q*, *k*, *g*, sont des explosions d'origine gutturale provoquées par l'occlusion, puis la brusque détente de l'arrière-langue sous le palais mou ; plus profondes sont ces explosions chez les sujets de langue sémitique, chinoise...

Les bruits représentés par *t*, *d*, résultent d'une explosion préparée par l'avant-langue sous le palais dur et le pourtour intérieur des dents du haut.

Ceux de *p*, *b*, éclatent à la sortie du tube vocal, quand les lèvres opèrent la détente.

Ainsi, d'après leurs *points d'articulation*, les consonnes explosives sont laryngiennes, gutturales, dentales, labiales. Quelques langues, le slovène, le chinois, ont une occlusive vélaire résultant de l'abaissement brusque du voile, bouche fermée : l'éclatement se fait à l'entrée des fosses nasales.

Admettons maintenant, ce qui d'ailleurs se présente souvent, que la détente qui livre passage à l'air manque de fermeté et d'instantanéité : l'air s'échappe en explosion fusée ou sifflée, et le bruit perçu est celui de consonnes dites « semi-occlusives », ou encore « affriquées », imparfaitement noté *ts*, *dz*, *tch*, *dj*. Réduites en français à *s*, *z*, *ch*, *j*, depuis le XIIIe siècle, elles sont encore vivantes dans la plupart des langues du monde et même dans des dialectes français (1).

Par le procédé de la **friction**, l'organe vocal opère une constriction qui lui permet de rétrécir, à des endroits

(1) Ces phonèmes ont fait l'objet d'une étude expérimentale étendue et instructive par M. Belgeri (*Les Affriquées en italien et dans les principales langues européennes* : 1928). Sur leur formation et leur évolution en France, on consultera avec profit la thèse de M. Duraffour : *Les dialectes franco-provençaux* : 1932 (p. 220, La palatalisation consonnantique) ; et les deux études de Mlle Ringenson : *Etude sur la palatalisation de K* : 1922, pour la langue d'oïl, et *Revue de linguistique romane* : VI, 1930, pour les parlers provençaux.

divers, le passage laissé à l'air expiré : celui-ci s'échappe, ainsi que par les fissures d'une porte aux planches disjointes, en lames de formes variées qui affectent l'oreille sous l'aspect de sifflements ou bruits de friction dits aussi « fricatifs », ou encore « spirants », également variés selon l'endroit du résonateur ou le point d'articulation, selon la force et la forme du courant.

Par exemple, les cordes vocales, en se rapprochant assez pour provoquer un frottement perceptible de l'air, sont le siège du bruit fricatif de l'*aïn* arabe, du *stoed* danois, de l'*aspirée* notée *h*...

Le dos de la langue rapproché de l'isthme du gosier et du voile peut produire un grand nombre de bruits fricatifs ou spirants, tels que *ch* dur et *g* doux allemands, la *jota* espagnole, le χ grec, bulgare, slave, l'*r* vélaire, uvulaire et sa variété parisienne.

La masse antérieure rapprochée du palais dur et des dents donne naissance à une série encore plus nombreuse de bruits spirants : *r* roulé et ses variétés, *l* dur et mouillé, les sifflantes *s*, *z*, les chuintantes *ch*, *j*, le *yod* (y) sourd ou sonore, le *ch* doux allemand; et, si la pointe du muscle se pose entre les dents, le *th* doux et dur anglais, *ç* espagnol.

Enfin les lèvres se réservent les bruits de *f*, *v*, *w*, *ẅ*, soit qu'elles opèrent seules, soit que les dents du haut soient intéressées (*f*, *v*, denti-labials).

D'après leurs points d'articulation, les consonnes fricatives sont donc aussi laryngiennes, gutturales, dentales, labiales ou denti-labiales. Il est une classe à part de bruits de consonnes dénommés *nasales* : *m*, *n* dur, *n* mouillé, *n* guttural.

Les cordes vocales vibrent généralement comme pour une voyelle; mais le courant d'air vibrant s'écoule par deux issues : *librement* par celle du nez, le voile étant abaissé; en *explosion* par celle de la bouche, la langue pour *n* et *gn*, les lèvres pour *m*, ayant intercepté puis ouvert le passage.

Les deux genres de bruits qu'on vient d'expliquer comportent, on le devine, des modalités d'exécution qui sont la cause de nuances multiples, parfois malaisées à percevoir quand elles appartiennent à des parlers étrangers. Ces modalités, ou « modes d'articulation », affectent la répartition de l'effort, la position des organes et leurs mouvements.

Les organes parlants ne travaillent pas isolément, mais en collaboration; or, on peut les rattacher à trois centres d'activité : l'un groupant les organes de la bouche, dits « d'articulation » (voile, langue, mâchoires, lèvres); l'autre limité aux muscles du larynx, dits de « vibration » (cordes vocales); le troisième aux muscles de « l'expiration ».

Dans l'acte parlant, l'influx nerveux se répartit, d'une part sur la langue ou les lèvres, et de l'autre sur l'organe de la respiration. En français, et en général dans les langues romanes, slaves... l'énergie articulatoire est *forte*; en sorte que peu d'air suffit à obtenir un grand effet sonore; au lieu que dans les langues germaniques, et beaucoup d'autres qu'énumèrent les ouvrages spéciaux, il est dépensé beaucoup d'air pour peu d'effet sonore, parce que *le travail expiratoire absorbe plus d'énergie que le travail articulatoire* : l'on a remarqué en effet que si l'un est fort, l'autre est faible; les *p*, *t*, *k*, allemands sont à la fois plus faibles et plus soufflés que les *p*, *t*, *k*, français : ceux-ci font vaciller la flamme d'une allumette, ceux-là l'éteignent; si l'accident arrive à un Français, c'est qu'il « aspire » ses consonnes : le fait n'est pas si rare.

Quand il s'agit d'émettre des bruits de bouche explosifs ou fricatifs, accompagnés de vibration laryngienne, *b*, *d*, *g*, *v*, *z*, *j*, *l*, *m*, *n*, *gn*, *y*, *w*, *ẅ*, l'influx se partage entre les trois centres.

Dans les langues romanes, slaves. . il s'établit un certain équilibre qui permet aux organes de la bouche et aux cordes vocales d'opérer synchroniquement; dans les langues germaniques, l'influx se porte cette fois en dose plus forte sur les lèvres ou la langue, et moindre sur les cordes vocales : *le travail d'articulation domine celui de vibration*; il en résulte que celles-ci ne vibrent plus en synchronisme avec la décision voulue, et que le son des « sonores » ou « vibrées » *b*, *d*, *g*, *v*, *z*, *j*, émis avec trop d'énergie par la bouche, et trop peu vibré par les cordes, est perçu à peu près comme les sourdes non vibrées, *p*, *t*, *k*, *f*, *s*, *ch* : autrement dit *b*, *d*, *g*, *v*, *z*, *j*, sont assourdis et forts au lieu d'être sonores et doux; *bon*, *dogue*, *garde*, *rose*, sonnent un peu comme *pont*, *toque*, *carte*, *rosse*.

Étant donné que le larynx pâtit de l'excès d'influx absorbé par l'expiration et l'articulation, il s'ensuit un autre effet très curieux, que les tracés du souffle et de la vibration laryngienne ont bien mis en lumière; c'est le phénomène de « l'aspiration », qui caractérise les consonnes germaniques, *p*, *t*, *k*, et des sonores *b*, *d*, *g*, en hindou, par exemple.

Non seulement en effet l'influx laryngien destiné à « vibrer » les consonnes sonores est contrarié et diminué, mais il est encore *retardé* pour vibrer la voyelle qui suit la sourde (*p*, *t*, *k*) de 3 à 4 centièmes de seconde : entre l'explosion de la consonne et la voyelle suivante, s'insinue, par la glotte restée ouverte, une masse de souffle qui rend cette consonne « aspirée » ou plutôt soufflée (ad spirata). Etaient ainsi articulés les φ, χ, θ, grecs; ainsi le sont des *b*, *d*, *g* hindous, le rapprochement des cordes approprié à la vibration suivante se substituant trop lentement à celui qui suffisait à la vibration de la consonne. En français, la vibration des cordes succède sans retard (1 ou 2 centièmes de seconde au plus) à la détente explosive des lèvres ou de la langue, parce que l'effort expiratoire est modéré ; le va-et-vient de l'influx y est très rapide, et sa répartition bien équilibrée (1).

Ces modalités dans la répartition de l'effort ne sont pas les seules à faire varier les bruits des consonnes ; il y a aussi des modalités de tension, de mouvement, de position des organes, qui donnent à tel bruit une teinte nouvelle, tant l'instrument vocal est admirablement conformé. Sans entrer dans le détail des variétés ainsi obtenues, qui tiennent à des tendances ethniques héréditaires ou acquises (2), signalons que, par exemple, si la langue, pour fermer ou entraver le passage à l'air des consonnes, adhère au palais non plus seulement par sa pointe ou ses bords, mais encore par sa partie médiane, la rupture d'un contact ainsi élargi provoque un bruit amolli, d'où les « mouillées » opposées aux « dures » : *k*, *g*, dans le parisien populaire (cave, gare) ; *n* écrit *ign*, *gn* (oignon, agneau) ; *l* écrit *il*, *ill* (bail, bataille).

En allemand, le son *gn* est confondu avec celui de *ni* (aniau) ; la plupart des consonnes en russe, *l*, *r*, *m*, *n*, *p*, *s* peuvent être mouillées ; *l* est encore mouillé en France chez les méridionaux, non pas dans les parlers du Nord depuis le XVIIIe siècle. « Il y en a, remarque Hindret en 1687, qui pour dire bataillon, postillon, bouteille, moüille, boüillon, et autres mots, disent batayon, postiyon, boutaye, boüyon. » Sa nuance, une fois perdue, est des plus difficiles à retrouver.

(1) L'introspection du larynx est plus limitée pour les consonnes que pour les voyelles : d'après les observations de M. Eijkman, déjà cité, la glotte s'accommode pendant l'émission de la consonne pour celle de la voyelle qui l'accompagne (Congrès d'Amsterdam : p. 127).

(2) La façon dont la langue se détache du palais, par un mouvement d'avant en arrière, a fait dénommer *avulsives* ou *rétroflexes* certaines consonnes du Géorgien.

La difficulté n'est guère moindre pour qui veut substituer à l'*r* guttural ou grasseyé qu'il possède, l'*r* dental et roulé : le premier, quand il est accusé et rugueux, ou bien trop faible et anémié, comme dans le langage populaire des Parisiens, expose ceux-ci aux railleries des provinciaux qui le considèrent, au moins dans quelques régions, comme une infirmité dont serait responsable le fil trop écourté de la langue.

Que la pointe de la langue, dont c'est le rôle de vibrer l'*r* dental, vienne à fléchir dans sa tension, la vibration s'éteint et l'*r* dégénère soit en *l* (colidor), soit en *z* (voituze en Sologne), soit même en s'effaçant (dorsum = dos, parle = pale, père = pée, dans quelques patois). Le même sort attend d'ailleurs les consonnes *d*, *n*, dont l'explosion est due à la détente de la pointe linguale : celle-ci opère-t-elle sans vigueur, le *d* présente un bruit légèrement fricatif qui l'incline vers le *z* (Madriz, en espagnol) ; l'*n* passe à *l* (unicorne-licorne), ou à *r* (domenica = domenga = Domergue, etc.). Enfin, si la pointe, au lieu d'adhérer aux alvéoles des dents du haut par son pourtour, adhère par son rebord supérieur, *t*, *d*, *l*, *r*, prennent une teinte spéciale qui dénonce les Anglais.

En résumé, d'après les modalités de l'occlusion ou de la constriction linguale, les bruits de consonnes sont durs ou mouillés ; ils sont distincts et nets ou bien indistincts et complexes, selon l'énergie et la forme du contact occluseur et constricteur, et aussi selon la région du contact (1).

Tels étant les faits principaux, *organiques*, *physiques* et *acoustiques* qui concourent à former et à différencier les sons de bruissement consonantique, il nous est devenu possible d'apprécier les essais de définition qu'en ont présentés les grammairiens. Ceux d'aujourd'hui, tout spécialement, mieux renseignés que ceux du passé, grâce aux expériences de phonéticiens, en ont-ils tiré parti ?

(1) Sur les *notes composantes* des consonnes : Cf. Rousselot (*Parole*, 1903 ; *Principes*, p. 400, 895) ; Paget (*Human Speech*, p. 98).

CHAPITRE II

L'enseignement des sons de consonnes au XVIe siècle.

On sait que les Humanistes furent nos premiers véritables grammairiens. Mais avant eux, dès qu'il s'est agi de transcrire les sons du français, les scribes, qui ne disposaient que d'un alphabet accommodé aux sons du latin, eurent à faire preuve d'initiative et de sagacité. Car deux questions se posent à ce sujet : combien de temps l'oreille continue-t-elle d'entendre le son ancien à travers le son évolué ? Quelles circonstances peuvent décider le scribe à substituer une lettre à une autre ? Ce n'est point en effet un événement ordinaire que quelqu'un s'avise d'écouter ce qu'il prononce, qu'un scribe, formé aux disciplines de l'école, se décide à reconnaître une façon nouvelle de prononcer et à changer la façon ancienne d'écrire.

Il s'en est pourtant rencontré qui furent hardiment et judicieusement les « greffiers de l'usage » en matière de prononciation et d'écriture (1) : et, s'il est vrai, comme l'affirme la Grammaire de l'Académie, que, de nos jours, « les écrivains, les typographes, les correcteurs, les

(1) Ce sont les copistes des écoles de jongleurs qui, au XIIe, sans se soucier de rappeler le latin ou de distinguer les homonymes, ont écrit selon leur prononciation, et en vue du chant (Cf. Beaulieux : *op. cit.*, p. 48).

hommes d'affaires ont besoin de savoir comment les mots s'écrivent et s'accordent », il est raisonnable de croire qu'il en fut de même aux siècles passés.

Dès le VIe siècle, des sons nouveaux, qui n'avaient pas d'équivalents en latin, frappèrent leurs oreilles : tels les *ts*, *dz*, *tch*, sortis de *c* ou *ti* latins; *dj* sorti de *g*, *di* ou *i*; *l* et *n* mouillés... Impuissants à créer et surtout à faire accepter des lettres nouvelles, ils continuèrent d'affecter à ces sons nouveaux les lettres des sons anciens qui les avaient précédés, ou des combinaisons de lettres plus ou moins expressives.

C'est ainsi que :

ts, *dz*, sont écrits dans les plus anciens textes, *c*, *tc*, *cz*, *z*, *zc*, *tz*, *tzc*.
tch est écrit soit *k*, soit *c* ou *ch*.
dj est écrit *g* ou *i*.
l mouillé est transcrit *lli*, puis *ill*, *il*.
n mouillé *gn*, puis *ign*, *ing*; le groupe *gn* représente en outre au XVIIe siecle *g* + *n* prétendu latin, ou simplement *n*.
Quand, au XIIIe siècle, *ts* et *dz* furent réduits aux sons de *s* et *z* :
s, *ss*, *sc* et *c* + *e*, *i*, répondirent au son de *s* (sangle, cengle, peresce, fasse, cire, ce, forsene et forcené, dance et danse...).
ss, *s*, *ce*, *ç* au XVIe siècle + *a*, *o*, *u*, répondirent au son de *s* (nacion, chancon et chanson, puis chançon, masson et macon puis maçon, prononceons, lesson et lecon, puis leçon...)
s et *z* répondirent au son de *z* (rose, raison, onze, douze, treze...)
z final, ancien *ts*, répondit au son de *s* (bontez, chantez...) et marqua que l'*e* précédent était fermé, tandis que l'*s* des finales *es* marquait plutôt un *e* sourd (maistres, festes, faites...)
ch latin transcrivit le son *ch* issu de *tch* (chief, chose, char), et au XVIe siècle le son *k* considéré comme équivalent du χ des mots empruntés au grec (chœur, orchestre, archétype...)
i et *j*, *g* et *ge*, se disputèrent la transcription du son de *j* sorti de *dj* (ioie et joie, bouriois et bourgeois...)

Cette pluralité de signes pour un même son, et de sons pour un même signe, trahit, avec la vitalité de la langue, l'embarras des écrivains, qui ne pouvaient sans cesse adapter l'écriture aux sons : il en résultait une lecture incertaine des sons français, surtout pour les étrangers. La confusion s'accrut encore quand les clercs, les praticiens, les juristes, tous « latiniseurs », pensèrent faire œuvre de savants en introduisant, sans les prononcer, des lettres pouvant rappeler l'origine latine ou grecque des mots, ou leur parenté.

Les lettres *étymologiques* apparaissent au XIIIe siècle : en voici quelques exemples, d'après Thurot, et Ch. Beaulieux (*op. cit.*, p. 182 et suiv.).

XIIIe	set	devient :	sept.
	ioutice		ioustice.
	exceccion.		exception.
	letres.		lettres ou lectres.
	otaves		octaves.
	abes		abbes.
	eles		elles.
XIVe	auteur		aucteur.
	escrit.		escript.
	perentoire		peremptoire.
	assouz		absouz et absoulz.
	veut, vaut.		veult, vault.
	mout.		moult.
	dete		debte.
	deteur		detteur et decteur (ct = tt).
	nus		nulz.
	fait.		faict.
	Iaques		Iacques.
	aiugier		adiugier.
	aiorner.		adiorner.
	clers		clercs.

XIVe	conoistre . . . . . . devient :	recognurent.
	ladite	lesdictes.
	cors, tems	corps, temps.
	contes	comptes.
	suiets	subiez.
	vint, titre	vingt, tiltre.
	sous, eus, feauz	solz et souls, euls, feaulz.
	coupe.	coulpe.
	autorite, otroies	auctorite, octroie.
XVe	sainte	saincte.
	auenir, auocas	aduenir, aduocas.
	auerti, auisee	aduerti, aduisee.
	amonester	admonester.
	amirer, amettre	admirer, admettre.
	auersaire, aietif	aduersaire, adiectif.
	astenir, oscur	abstenir, obscur.
	soutil, ouier.	subtil, obuier.
	precete, Egite.	precepte, Egipte.
	redansion, saume	redamption, psaumes.
	rat, satifet, tranport	rapt, satisfet, transport.
	acetera, asinasionz	acceptera, assignation.

La prononciation à l'italienne, au XVIIe siècle, des mots latins où se trouvaient les groupes *qu*, *gu*, passa à quelques mots français de la langue savante : l'*ou* a prévalu devant *a*, l'*u* devant *e*, *i* (Thurot : p. 556).

Quadragénaire . . fut prononcé :	kouadragénaire (Buffier).
Quadragésime	couadragésime (Dangeau).
Quadrature	couadrature (Buffier).
	kadrature (Ac., 1762).
Quadrige, quadruple	couadrige, couadruple (Ac., 1762.
Quadrupède	couadrupède (Ac., 1762).
Quasimodo	casimodo (gens du monde, Domergue).
	couasimodo (gens d'église, Domergue).

Aquatique	fut prononcé :	acatique (Ménage).
		acouatique (Dangeau).
Equateur		écouateur (Ménage, Buffier).
Quinquagésime		cuincouagésime (Ménage, Ac., 1740).
Questeur.		cuesteur (Ménage, Ac., 1740).
Equestre.		équëstre (Ménage, Girard, Ac., 1740).
Liquéfier		likéfier (Ac., 1762, 1835).
		liquüéfier (Domergue).
Quiétude, quiétisme		qiétude, qiétisme (Féraud).
		cuiétisme (Ac., 1835, 1878).
Equilatéral.		avec u (Richelet, Ac., 1835, 1878).
Iniquité, inquisition		inikité (Du Val).
Quinquagésime.		cuincouagésime (Ac., 1740).
Quintuple		qüintuple (Féraud).
Quinte Curce, Quintilien		Qüinte Curce (Viard).
		Keintilien (Domergue).
Lingual		lingoual (Dangeau).
Linguiste (maître de langues) . . .		lingüiste (Martin, Duez).
ambiguité, contiguité.		ambigüité (Palsgrave, xvie).

Le χ de quelques mots grecs fut transcrit par *ch*, et d'après H. Estienne, prononcé *k* devant *a*, *o*; devant *e*, *i*, *ch* fut prononcé d'abord comme en français dans *chère*, puis, au xviie siècle, comme le *k* (Cf. Thurot : II, 231) :

Achéron .	se prononça :	Aquéron (Lulli, Opéra).
		Achéron (Racine, Dangeau, Comédie Fr., Ac., 1878).
Archétype		Arkétype.
Trachée, trochée. . . .		trakée (Ménage, Richelet).
		trachée (Féraud).
Orchestre		orkestre (Ménage).
Chœur, choriste		kœur (Oudin).
Chiromancie.		Kiromancie (Ménage, Richelet).
Chimie		Chimie (Ménage, Oudin).

Achille, Achilléide . . .	Achille, Akilléide (Domergue).
Architecte	Architecte, mais Arkiépiscopal (Ménage).
Tachigraphie	Tachigraphie (Domergue).
Catéchisme	catéchisme (Ménage), catékisme (Duez).
Eschyle	Eskyle (Ménage).
Melchisédec, Michel. . .	Melkisédec (Ac., 1694), Mikel Ange.

Les lettres *analogiques* rappellent la parenté des mots, sous l'aspect du genre, du nombre, des temps : elles sont une application du « principe de rapprochement » : signalons d'après Beaulieux (p. 196) :

XIIIe	fer . . . . . . devient :	ferme (forme du féminin).
	chauf	chauve (ainsi prononcé devant voyelle).
	roit	roide (féminin).
	grant	grand (de grande).
	larc	large (féminin).
	lonc	long (de longue).
	iuz	juste (féminin).
	triz	triste (féminin).
	verde	verte (de vert).
	ie sui	ie suis (d'après puis).
	rendimes	rendismes (d'après rendistes).
	aim	aime (d'après aimes, aime : 2e et 3e personnes).
	dy, croy, voi	dis, crois, vois (d'après 2e pers.).
XIVe	cinc	cinq (d'après cinquante).
	coc	coq et cocq (d'après coquille) : cq = qq ou cc.
	sanc	sang (d'après sanglant).
	bourc	bourg (d'après bourgeois).
	soing (avec g amui)	d'après soingner.

Enfin, des consonnes superflues, dites aussi « quiescentes » et *non prononcées* servaient à étoffer les mots, quelquefois aussi à prévenir des confusions de mots semblablement écrits et des erreurs de lecture : d'où, l'introduction des accents sur les *e* et les *o*, *u eu*, l'emploi de lettres *diacritiques*, dont le rôle était le suivant, conformément au « principe de distinction » (XIVe au XVIe siècles).

b, f, p : évitent confusion de *v* avec *u* de même signe (breue = brefue, deuoir = debuoir, feure = febure, liure = libure, lieure = liepure, escriure = escripure, enseuelit = ensepueli). Notons que *b* et *p* rappellent le latin par surcroît.
h : évite la lecture de *u* par *v* (uile = huile, uit = huit, uis = huis), et indique l'hiatus dans *trahir*, *dehors*, *cahot*, *cahier*...
z : dans les finales *ez* indique *é* fermé (nez, aimez...).
s : indique que l'*e* précédent est ouvert masculin dans une syllabe tonique (teste, mesme, resne, euesque...).
indique que l'*e* précédent est fermé masculin dans une syllabe atone (esleuer, esglise, esuier, esgal, estat, escole...).
indique que l'*e* du groupe final *es* est féminin ou muet (bonnes).
L'*s* diacritique, non prononcé, a cessé de s'écrire au XVIIIe siècle (Dict. de l'Acad. 1740).
cq : indique le redoublement de *c* ou de *q*, et évite la lecture de *ce* par *se*, dans : grec-que, laic-que, public-que...; en outre le *c* rappelle le masculin (grec, laic) et le latin.
x : transcrit d'abord l'ancien groupe final *us*, second élément de diphtongue *eus*, dont l'*e* accentué rimait avec *e* (Deus, teus, creus = Dex, tex, cruex, rimant avec remes, assez...).
: transcrit ensuite les finales *aus*, *ous*, *is* : *ax*, *ox*, *ix*.
: introduit une distinction graphique entre *pois*, *pais*, *vois*, *crois*, *fais*, *faus*, *sis*, *dis*, et *poix*, *paix*, *voix*, *croix*, *faix*, *faulx*, *six*, *dix*.
: rappelle en outre le *x* latin : *pix*, *pax*.
sc : distingue *sceau*, *scel* de *seau*, *sel*, et rappelle le latin dans *science*, *sceu* (par erreur, au lieu de *seu*).
g : évite la confusion de VII avec VN = *ung*.
ll, tt, ss : indiquent que l'*e* précédent est masculin ouvert (lettre, mettent, appelle, paresse...).
l simple : invite à ne pas faire d'hiatus dans *peult*, *mieulx*, *chevaulx*... et rappelle le latin (melius, caballos...).

Ainsi n'est-il pas de mot dont la graphie n'ait été étudiée et motivée de quelque manière ; l'erreur, jamais réparée depuis, fut de penser que les précautions graphiques prises pour parer aux lacunes de l'écriture *gothique* continuaient de s'imposer avec l'écriture beaucoup plus distincte en lettres *romaines*. D'autre part, la prononciation correcte, de moins en moins protégée, surtout depuis qu'aux XIVe et XVe siècles le français du roi et de l'Ile-de-France s'est étendu aux provinces en même temps que la graphie de la Chancellerie et du Parlement de Paris, subit l'influence de l'écriture dans les mots qui échappent à l'usage courant et appartiennent davantage à la langue écrite. On en vint à prononcer toutes les consonnes écrites, ainsi que le voulait d'ailleurs le latin auquel les Humanistes tâchaient de restituer, les uns une prononciation classique, latine ou grecque (Erasme), les autres une prononciation italianisée (G. Tory, Ramus). Citons quelques-unes de ces prononciations « restituées » à l'encontre de toute loi phonétique, aux XVIe et XVIIe siècles (Cf. Thurot : II, p. 320 et Beaulieux : p. 308) :

S devant consonne ; normalement amui depuis le XIIe siècle, reparaît dans :

boquet	écrit et prononcé :	bosquet (XVIe).
pâtoureaux		pastoureaux (XVIIe).
soucrire		souscrire (XVIIe).
soutraire, soutraction		soustraire (XVIIe).
trammètre		transmettre (XVIe).
satifaire, satifation		satisfaire (XVIIe).
ecarboucle, écarmoucher.		escarboucle (XVIIe).
etoc, eclandre, Ecaut		estoc (XVIIe).
détruccion		destruction (XVIIe).

correpondance, recrit . écrit et prononcé : correspondance (xviie).
rétreindre, réplandir. . . . . restreindre (xviie).
utencile, détrier. . . . . ustencile (xviie).
blaphème, prébitère . . . . blasphème (xviie).
Chritofle, Cretofe . . . . Christofe (xviie).
juques . . . . jusques (xvie).
chate . . . . chaste (xvie).
laitter, rete . . . . lester, reste (xviie).
amoneter . . . . admonester (xviie).
senetre, regitre . . . . senestre (xviie).
spame, sophime. . . . . spasme (xviie).
eperons, eperer . . . . espérons (xvie).

Il y a des mots où l'*s* a disparu après avoir été prononcé quelque temps : chasque, chascune, Pasque, tempestueux, cisterne, jurisdiction, bastonade, escarlate, escoutille, estamine, estriqué, descamper, risposte, gouspillon, austruche, honeste, alebastre, affuster, jésuistes...

CT prononcé au xviie siècle, surtout dans les dérivés : contracter, respecter, objecter, sanctifier, suspecter, affecter, et dans : architecte, collecte, secte, vindicte, ponctuer, octroi, victuailles, dicton, arctique, manufacture...

X : avant le xvie, dans les mots anciens, se prononçait :

ss : Alessandre, Alessis, soissante, massime, tixier...
z : perplezité, ezemple ou euzemple, euzecuter, deuxième, yeustasse (extase), ezercice... (*x* s'est prononcé *yeus*).
cs : depuis le xvie : exercice, exécution, exemple (comme en *diction*), Xerxès, Alexandre, maxime...
gz : au xviie : dans exorde, exaudi, example, exalter, exil, Xerxès, Xavier (*gz* ou *z* initial)...
ss : Auxerre, Xaintes, Saint-Maixent, Luxembourg, Bruxelles
sc : parfois dans escavation, escuse, esquis, estase (*st*).

GG : suggestion, prononcé d'abord sugestion...

GM : prononcé d'abord sans *g* dans : augmenter, dragme, flegme ; et au xviiie avec le *g*.

GN : avant le xviie se prononçait :

mouillé dans aigniau, soingner (sõn̮é), besongne...
n dur : digne, regne, cygne, cognoistre, indignation, agneau, signifier, assigner, resigner, enseigne, regnard,

prognostic, physiognomie... écrits parfois dine, rene, sinifier, renard...

Au XVIIe : Le latin est prononcé ag-nus, magnus, regnum (auparavant annus, mannus, manificat...).

n mouillé : depuis le XVIIIe : agneau, agnel, enseigne, règne, régner, assigner, résigner, consigne, maligne, bénigne...

g + n : dans les mots savants : diagnostic, gnome, stagnant, igné, inexpugnable...

B et D : Ces deux consonnes, reprises au latin dans un certain nombre de mots, finirent par être prononcées à partir du XVIe siècle :

B : assoudre . . .	absoudre.	D : ajectif. . .	adjectif.
sutil	subtil.	ajuge . . .	adjuger (XVIIIe).
ovier	obvier.	ajudant . .	adjudant.
sumerger . . .	submerger.	coajuteur .	coadjuteur.
oscur	obscur.	ajurer. . .	adjurer.
ostiné	obstiné.	ajoint . . .	adjoint.
s'astenir . . .	s'abstenir.	aversaire .	adversaire.
sustance . . .	substance.	averbe. . .	adverbe.
sustituer.. . .	substituer.	amettre . .	admettre.
		amirable. .	admirable.
		aministrer .	administrer.
		amonition .	admonition.

Ces exemples, et quelques autres tels que : *sautier*, *exceté*, *acceter*, *chetel*, *scouture* (*scoulpture*), *concession* (*conception*), *redamteur*, *somtueux*, *sintome*, *consumtion*... démontrent assez le désarroi que l'écriture savante avait introduit dans la prononciation, et que la négligence des imprimeurs devait entretenir; il n'est pas surprenant que les érudits, qui se donnaient pour tâche d'expliquer la langue sous tous ses aspects, se soient émus : Geoffroy Tory, dès 1529, dénonça des premiers les corrupteurs de la langue, et invita « les deuots amateurs de bonnes lettres... à mettre et ordonner par reigle nostre langage françois ». « Quant lung, ajouta-t-il, traictera des lettres, et laultre des vocables ung tiers viendra, qui declarera les dictions... Ie suis content estre le premier petit indice à exciter quelque noble esperit qui se esuertuera dauantage comme firent les Grecs jadis et les Romains, mettre et ordonner la langue françoise à certaine reigle de prononcer et bien parler » (cité par Génin : Collection de Documents inédits, 1852, Palsgrave : Introduction, p. 7).

Lui-même proposa d'employer des accents pour noter les nuances des *e*, emprunta la cédille aux Espagnols pour donner au *c* devant *a*, *o*, *u*, le son de *s*, introduisit l'usage des caractères romains plus distincts que les gothiques. Après lui, on sait quelle pléiade de savants s'appliquèrent à « traicter des lettres et des vocables » : nous retrouvons ici Fabri, Palsgrave, Sylvius, Meigret, Peletier, E. Dolet, les Estienne, Ramus, Pasquier, Ronsard, Baïf, de Bèze.

Leurs préoccupations visent de préférence la représentation écrite des sons : il s'agit avant tout de faire lire correctement des mots orthographiés savamment. Nous ne constatons point qu'ils aient envisagé une autre analyse des bruits de consonnes que celle des Grecs et des Latins, bien ou mal interprétée, et quelquefois des Hébreux. Afin d'en mieux apprécier les définitions et le classement qui furent en usage chez nos grammairiens jusqu'à la fin du XIXe siècle, nous rappelons de nouveau les principes de la classification enseignée par les Grecs, en particulier par Aristote, Diogène Laerce... d'après le résumé déjà mis à contribution de Roudet (Eléments de Phon. Gén., p. 65, 69).

Les sons parlés comportent, on l'a vu, deux éléments : les voyelles et les consonnes. Celles-ci sont de deux sortes :

a) Les *semi-voyelles* (ἡμίφωνα) dont le son propre peut se suffire, mais pas au point de constituer le centre sonore de la syllabe. Ce sont : σ, ζ, ξ, ψ, λ, μ, ν, ρ.

b) Les *muettes* (ἄφωνα) n'ont pas de son propre, mais une voyelle d'appui et ne peuvent donc former un son de syllabe : ce sont φ, χ, θ, β, γ, δ, π, κ, τ.

Cette analyse est fondée uniquement sur les éléments acoustiques ; un élément physiologique assez vague, par l'appréciation du souffle émis qui est faible ou ténu, fort ou dense, permet de classer les consonnes comme il suit (1) :

Ténues (spiritus lenis).	π, κ, τ.	souffle léger	*p*, *k*, *t*.
Denses (spiritus asper).	φ, χ, θ.	souffle épais (aspirées).	*p'*, *k'*, *t'*.
Moyennes.	β, γ, δ.	souffle moyen	*b*, *g*, *d*.

Au total, 17 consonnes, dont 8 semi-voyelles prolongeables, et 9 momentanées ou muettes.

Jusqu'au IVe siècle, les Latins prononcèrent sans voyelle d'appui, *f*, *l*, *m*, *n*, *r*, *s*, et postposèrent une voyelle aux muettes *b*, *p*, *d*, *t*, *g*, *k*. A partir du IVe siècle, *f*, *l*, *m*, *n*, *r*, *s*, furent épelées *ef*, *el*, *em*, *en*, *er*, *es* : c'est cette dénomination qui prit le nom de « demi-voyelle », et non plus l'articulation elle-même (Cf. Niedermann : Phonétique historique du Latin, 1906, p. III).

Les 18 consonnes de Sylvius (Isagωgè : 1531) sont : b, c, d, f, g, h, i, l, m, n, p, q, r, s, t, u, x, z. Son système de notation tente de réaliser cette gageure : imaginer des lettres qui permettent de lire à la fois le son latin et le son français qui en est sorti. Par exemple :

(1) Notre classification actuelle en fortes (p, t, k), douces (b, d, g) et faibles (aspirées p', t', k') n'est pas fondée sur la force du souffle, mais sur celle de l'articulation ou tension musculaire.

ss
C rappelle le ç latin de « picare », et *ss* français de « poisser »
ss
écrit *poicer*...
h
C rappelle le *c* latin de « caballu » et le *ch* français de « cheval »
h
écrit *Ceval*.
s
G rappelle le *g* latin de « legimus » et le *s* français de « lisons »
s
écrit *ligons*...

Les consonnes se répartissent en 3 classes, d'après leur affinité « per communitatem aut per cognationem » : b, p, ph, f. v ; c, g, ch, x ; d, t, x, s.

H est seulement un signe d'aspiration ; K est superflu et remplacé par C.

V est le digamma Æolicum. Au point de vue de l'émission du souffle, les consonnes suivantes sont :

Tenues : c, p, t, dans lesquelles « fit palati pulsus exterior ».

Asperae : ch, ph, th, dans lesquelles « fit palati pulsus interior ».

Mediae : b, d, g, qui ne manquent pas tout à fait de souffle et sont moyennes « pronuntiatione et potestate ».

Il appelle donc « soufflées » les fricatives *ph* ou *f*, *ch* et *th*? qui n'ont rien de commun avec les « aspirées » grecques ; il signale, sans se l'expliquer, la moindre tension des sonores *b*, *d*, *g*, par rapport aux sourdes *p*, *t*, *k*. Enfin, il reproche aux « Parrhisiens » de prononcer bôi, côi, dôi, gôi, pôi, tôi,.. pour be, ce, de ..

Le « Tretté de la Grammère Françoeze » (1550), de Meigret, propose, à la page 15, un tableau des consonnes, « qui ne peuvent être prononcées seules sans voyelle » :

b . prononcée :	be.	th. . prononcée :	th aspiré.
p	pe.	s, ç	es.
f	ef.	z	zed.
ph.	phi.	ch	çhe.
u	consonante.	l	el molle.
c	ca latin.	m.	em.
k	ca grec ou kappa.	n	en.
q	qu.	ñ	en molle.
g	ga ou gamma.	r	er.
ch	cha aspiré.	i	ji consonante.
d	de.	x, cs, ks, gs . .	ix.
t	te.		

Toutes les lettres (à l'exception de *l* dure pourtant) se trouvent ainsi représentées avec leur épellation et les sons qu'elles transcrivent ; d'après leur ordre, l'auteur paraît reconnaître les affinités signalées par Sylvius ; mais il se sépare des Grecs sur un point de première importance, en prétendant que les consonnes, *même les semi-voyelles*, ont besoin d'une voyelle d'appui pour se prononcer ; il ne fait ainsi que suivre les grammairiens latins de la basse époque. Cette détermination erronée des « semi-voyelles » sera reprise de confiance par l'ensemble des grammairiens jusqu'à nos jours (1).

Les « Rudimenta Grammaticæ » de Ramus (1559) divisent les consonnes, d'après leur région d'articulation, en : consonnes *des dents* = s, t, l, r ; consonnes *du palais* = j, c (qu, ge) ; consonnes *des lèvres* = m, b, p, v (*f* s'articule en faisant passer un souffle plus dense entre la lèvre inférieure et les dents du haut).

Sa « Gramère » (1562) présente une classification plus

(1) Ils ne distingueront plus d'ailleurs « semi-voyelles » et « muettes ».

détaillée ; elle oppose, d'après leur épellation seulement, les « demi-voyelles » aux « muettes ». Les premières sont ou « liquides », ou « fermes » ; sont liquides avec « ung demy-son de voyelle », *l*, *m*, *n*, *r*, *s*, *ch*, *s*, *z*. Le *ch* est « liqueur issue de *s* (chapitre, chere, chiche, chose, chut..). La seconde liqueur issue de *s* est *z* (zizanie).

Tableau des 9 demy-voyelles liquides (p. 25).

Sigma.	Es, S	salut.
Sigmatiõ.	éç, Ç	chère, chose.
Zeta.	ez, Z	Muzart, Causes.
Ro.	Er, R	Rire, Rare.
Lambda.	El, l	Lave, elite.
Labdaciõ.	El, l	Dõlet, feuillet.
Mu.	Em, m	mõ, nom, mon bõ.
Nu.	En, n	non.
Nuõn.	Eŋ, ŋ	Capaŋõ, Bretagne.

Sont « fermes », les demy-voyelles *j*, *v*, *f*, *h*, jamais liquides. *H* n'est point une aspiration en français (la hallebarde, le hideux).

Tableau de demy-voyelles fermes (p. 28).

Iod.	J, i	Jujube.
Vau.	V, v	Vivre.
Ef.	F, f	Forfaict.
Ha.	H, h	Hale, honte.

Il y a 6 muettes, « en postposant et ansuiuant les voyelles, partie plus ouuertes, partie plus closes ». Les « ouuertes » sont proférées principalement des dents (t, d), ou bien du palais (c, g) ; « closes » sont b, p.

Tableau des muettes (p. 35).

Tau.	t	tater, titre.
Delta.	D, d	Dedans, Didier.
Kappa.	Ka, k	Kaketer, coquiner.
Gamma.	Ge, g.	g'erre, gidon.
Beta.	Be, b	Barbe.
Pi.	Pe, pe	pape, pompe.

Soit 19 consonnes, dont 13 demi-voyelles et 6 muettes; celles-ci se distinguent des premières en ce qu'on les épelle en postposant la voyelle. Les 29 lettres de Ramus, ses 10 voyelles comprises, ne satisfaisaient point un contemporain, Pierre Delandin : « Pour moi, écrivait celui-ci en 1597, j'estime que ce sont toutes fantastiqueries d'un esprit mal raboté ». (Art poétique françois : cité par Livet, p. 204) [1]. Il apparaît, en effet, que les séries proposées ne sont pas fondées sur des caractères essentiels, mais sur des apparences discutables. Toutefois, aucun son n'est omis, et les lettres faisant double emploi sont éliminées : ainsi, *c*, *qu*, *x*, *ph*; de sorte qu'il a été tenu compte de la simplicité du son, et non de la lettre pour définir et dénombrer les consonnes.

T. de Bèze (1584) déclare s'en tenir à la « simplicité du son » et se borne aussi à énumérer les lettres qui, simples ou combinées, servent à noter les consonnes ayant un son simple; ce sont : (*op. cit.* p. 11).

(1) La Grammaire française et les Grammairiens au XVIe siècle, 1859.

Francici caracteres :

B b.	I i j.	R r.
C c.	L l.	S s.
D d.	M m.	T t.
F f.	N n.	V v u.
G g.	P p.	X x.
H h.	Q q.	Z z.

Parmi ces 18 lettres ne figurent pas le *k*, le *ch*, le *th*, le *ph*, dont le son est représenté par *q* ou *c*, c + *h*, *t*, *f*; pourquoi l'*x* est-il retenu ?

L'explication détaillée de chaque lettre nous apprend que l'auteur reconnaît 19 consonnes, écrites *b*, *c*, *ch*, *t*, *d*, *f*, *g*, *j* ou *i*, *h* aspiré, *l*, *l* mouillé, *m*, *n*, *n* mouillé, *p*, *r*, *s*, *v* ou *u*, *z*. Il ne s'arrête pas, comme Ramus, aux dénominations latines de « demi-voyelles » et de « muettes », et ne reprend point la définition proposée par Meigret.

Chaque consonne est définie par un caractère *acoustique* assez vague, quelquefois par une particularité *organique*. C'est ainsi que :

a) Dans « biere, tiede », les deux voyelles sont prononcées rapidement (raptim) en forme de diphtongues; dans « moins, soin », les voyelles sont abrégées (correpte prolatae); dans « buis, lui », elles sont émises « uno tractu » et forment des monosyllabes également diphtongés (1).

b) Les *c*, *l*, *n*, *r*, *s*, *t*, sont définis seulement « nativo sono » ; les couples *b* et *p*, *d* et *t*, *g* et *c*, *s* et *z*, *ch* et *j*, *v* et *f*, *l* et *l* mouillé, *n*

(1) On n'en déduit pas moins que ces monosyllabes diphtongués avaient leur première voyelle consonifiée, et que déjà *i*, *o*, *u* répondaient à nos *y*, *w*, *ü* ; ce caractère ne sera pourtant défini et reconnu qu'à la fin du XVIIIe siècle. L'indécision persiste d'ailleurs en poésie.

et *n* mouillé, sont ensuite soigneusement distingués, sans toutefois que les sourdes (p, t, c, f, s, ch) soient caractérisées autrement que par un « son plus sec et plus fort », les sonores (b, d, g, v, z, j) par un « son adouci ». Sylvius en avait signalé la moindre tension d'après les anciens; le chanoine de Bovelles, dans un travail sur la « Diversité du parler de France » (1533), avait réparti les consonnes en « molliores » et « duriores »; son classement n'avait pas la rigueur et la sûreté de celui de de Bèze :

Consonantes *molles* : b, c, d, f, g, i, l, m, s, z.

Consonantes *duriores* : p, q, t, v, c, g, r, n, x, s.

Pour de Bèze, l'émission du *b* est tempérée par une certaine douceur, celle du *p* étant marquée « sicciore sono ».

Le son du *d* est à peu près celui du *t*, en prenant garde toutefois d'en amollir la dureté.

Le *g* prend un son proche de celui de *c* devant *a*, *o*, *u* ; le *z* est émis avec « lenissimo sibilo », l'*s* « integro sibilo ».

La mouillure de *l* et de *n* vient de ce que l'on émet, en les articulant, « mollem quendam sonum » (bille, paille, gagner, gaigneur).

Le *ch* répond à « crasso cuidam et pingui sono » ; le *j* est un *i* consonne différant de l'*i* voyelle qui conserve « nativum tenuissimum sonum » (1). C'est Ramus qui a définitivement transcrit l'*i* consonne par *j*, en toute position dans le mot.

L'*h* est aspirée doucement tout en restant perceptible, et proférée sans rudesse du fond du gosier, à l'encontre des Germains et des Toscans.

Le son de *m* est déterminé « usitato sono », mais « compressis labiis effertur ».

Le son du *v* reproduit le digamma des Æoliens, intermédiaire entre *ba* et *pha*; Ramus l'écrivit *v* en toute position, laissant à la voyelle la lettre *u*.

* * *

Tel est, à propos des consonnes usitées à la fin du XVIe siècle, l'enseignement du grammairien, « qui, selon

(1) Ainsi entendu, le *i* consonne n'est pas l'équivalent de *i* consonifié en *y* (pierre), mais de la consonne écrite désormais *j* (déià = déjà) ; de même *u* consonne représentait notre *v*.

le mot de M. Brunot, a le mieux connu et décrit les sons français ». Sauf *l* mouillé (1) qui deviendra *y* au XVIIe siècle, et *h* qui perdra son aspiration, ils étaient ce qu'ils sont encore aujourd'hui ; exceptons aussi la prononciation de l'*r*, alors « fortiter efferenda » dans des mots comme « barre, beurre, courre, errer, ferrer, fourrer, quarre, verre », et prononcé fautivement à Paris *s* dans « cousin, Masie, pese, mese, Theodose » (2). Mais *b*, *d*, *g*, *z*, *j*, *i*, *v*, sont nettement opposés à *p*, *t*, *k*, *s*, *ch*, *f* ou *ph*. Chose à noter, on attribue à une mauvaise prononciation du latin l'altération de *g* en *j*, de *tio* en *sio*, de *c* dur en *s* : « haec consonans orto procul dubio a vitiosa Latinæ linguæ pronuntiatione errore, duplicem habet sonum » (p. 21). Ramus dénonce aussi l'abus qui altéra *t* en *s* dans *gratia* ; ce sera l'opinion des grammairiens des deux siècles suivants. Le concept d'une évolution normale des lettres apparaîtra au XIXe siècle seulement, mais la conviction que la forme écrite d'un mot doit régler sa forme sonore a persisté jusqu'à nos jours, ainsi que la définition qui refuse aux consonnes un son propre, sans voyelle d'appui la précédant pour les *demi-voyelles*, ou la suivant pour les *muettes*.

(1) Claude de Saint-Liens en 1580 décrit ainsi *l* mouillé : « Toutes les fois que deux *l* suivent l'une de ces quatre diphtongues, *ai*, *ei*, *oi*, *ui*, il ne faut pas les prononcer du bout de la langue, mais en touchant le palais avec le milieu de la langue, de manière à les amollir, et, pour ainsi dire, à les liquéfier ». (Cf. Thurot : II, page 293).

(2) Dans son « Grand Dictionnaire des rimes françoises » (1596), au chapitre de « l'Orthographe françoise », Lanoue souligne les sons divers de l'*r* qui, *au début du mot*, « se prononce rudement et avec toute la vigueur qu'elle a ». Mais, *au milieu du mot*, « elle se prononce doucement et quitte (par manière de dire) de son droit, comme on peut voir en ces motz *pare*, *pere*, *faire* ». C'est cet *r* médial qui était alors passé à *z*.

CHAPITRE III

L'enseignement des sons de consonnes au XVIIe siècle.

On pourrait s'attendre qu'au XVIIe siècle, où l'on prétendit déterminer pour chaque mot une prononciation correcte unique, la science des sons articulés marque un progrès notable; il n'en est rien ou peu s'en faut. Meigret et Ramus y sont plus connus et suivis que de Bèze. Entre autres témoignages, nous rappellerons ceux de du Val, Maupas, A. Oudin, du P. Chiffet, de Lancelot, du P. Lamy, d'Hindret et de Dangeau.

« Les consonantes, dit du Val, après Meigret, sont muettes de soi, c'est-à-dire, sans voix et son, si auec elles on ne ioinct une des voyelles ». D'après leur appellation, 8 sont « demy-voyelles » : *f*, *h*, *l*, *m*, *n*, *r*, *s*, *x*, puisqu'on leur prépose une voyelle. Voici comment l'auteur caractérise, par l'organe, quelques consonnes :

B ne change point sa prononciation « et frappe son ton du bout des lèvres »; les lèvres sont fermées pour *b* et *p*.

C « se prononce les leures ouuertes, du bout de la langue contre les dents ».

D est toujours frappé du bout de la langue contre le rang des dents hautes.

L mouillé « sonne comme un *g* mol (*gl* italien), amollissant ce *g* du bout de la langue replié contre la gencive et dents du haut » (op. cit., p. 2 à 53).

Parmi les « vingt et deux lettres » énumérées par Maupas, en 1625, on relève : B, C, D, F, G, H, I, L, M, N, P, Q, R, S, T, V, X, Z ; soit 18 consonnes. L'auteur semble suivre de Bèze à propos des couples, *b* et *p*, *d* et *t*, *g* et *c*. Il dit de *b* que les « François lui donnent un son plus mol, et au *p* un son plus dur et ferme » (p. 6). Le *d* a « un son plus mol », le *t* « un peu plus dur et fort ». Il ne veut pas que l'on confonde « comme les hauts Allemands *g* avec *c* » : celui-ci, « devant *e i y*, sonne comme *s* ».

Il est plus original dans sa détermination physiologique des *f* et *v*, *l* et *n* mouillés, et *s*.

« Nous prononçons *f* avec vent poussé de vehemence entre la lèvre de dessous et les dens de dessus » (p. 13) : c'est la traduction de la définition de Ramus : « infero labro superis dentibus impacto densius eflatur ».

L dur « s'exprime pleinement du bout de la langue » ; mais « il prend un son liquide lequel s'exprime du plat et milieu de la langue baisant le haut du palais de la bouche, là où *i*, sans estre prononcé sert de marque à cette liquéfaction-là : Piller » (p. 17). Plus haut, il avait noté que *i* devant double *ll* « mignarde ou liquide : faillir, cueillir ». Reconnaissons que le dessin du contact de la langue sous le palais n'est pas plus parlant.

Quand au *g* « suivi d'une *n*, il donne un son qui ne peut estre bonnement déclaré par escrit : on doit l'apprendre par l'oüye plustost que par preceptes : ongnon, mignon ».

Nous prononçons l' *h* « d'une forte aspiration » (haïs, hannir).

« Ayant un *c* devant, elle sonne comme *sch* allemand : cheual ».

Enfin, « nous prononçons l' *s* d'un sifflement plus serré et espais comme ç souvent ».

Il n'est pas question du *j* ni du *z* ; la lettre *k* n'est pas donnée, et l'on ne dit pas non plus que *q*, *x*, font double emploi, le premier avec *c*, le second avec *cs* ou *gz*.

Le P. Chilflet (1), en 1659, reprend la définition devenue traditionnelle : « les consones ou consonantes n'ont point de son sans l'aide de quelque voyelle ». Mais il dénomme *muettes* seulement « celles qui ne se prononcent pas en parlant » ; l'*s* est muette dans « paste » : il y a, de ce fait, confusion avec les « quescientes » de de Bèze.

Les caractères physiologiques sont des plus vagues : « les consones se forment, ou des seules lèvres, comme *b*, *m*, *p*, *s*, *f*, *v* consone, ou de l'application de la langue aux dents, comme *d*, *r*, ou touchant de la langue au palais plus ou moins come *n*, le *q*, le *z*, le *ch* et l'*i* consone » (p. 191).

Antérieurement à la « Grammaire générale et raisonnée », Lancelot avait publié en 1644 une « Nouvelle Méthode » pour apprendre soit le grec, soit le latin : celle qui concerne l'étude du latin servit à l'instruction de Louis XIV, et laisse à la vérité peu de choses à découvrir aux futurs grammairiens ; l'auteur s'y affranchit, pour la première fois, semble-t-il, des dénominations et classifi-

(1) Antoine Oudin est bien succinct dans la détermination des consonnes : il remarque que B, D, G, sont plus doux que P, T, K ; que H est aspirée au début des mots ; que L a deux sons, l'un ordinaire, et l'autre liquide ; *gn* a de l'affinité avec *ñ* espagnol. Il fournit une liste des mots *s* où est prononcé, et enseigne que *r* final est muet dans les finales des verbes en *er*, *ir* et dans *mouchoir*, *porteur*, *plaisir*...

cations traditionnelles : les consonnes y sont en effet (4e édition, de 1655, p. 673) :

Liquides	L, R, M, N.
Muettes	B, P, F, V, C, Q, G, I, D, T.
Sifflantes	S, X, Z.
Aspiration	H.

Les muettes se groupent ainsi; d'après, sans doute, l'organe articulant :

B, P, F, V.
C, ç, G, I.
D, T.

La raison qui lui fait abandonner le nom de « demy-voyelles » pour *l*, *m*, *n*, *r*, *s*, *x*, est à retenir : ce nom « ne vient point de leur nature, mais seulement de la voyelle qu'on a mise auant elles en les con'ant dans l'alphabet, *el*, *em*, *en*, *er*, *es*, *ix* : et que si l'on auait voulu mettre la voyelle deuant toutes les autres qu'ils appellent muettes, et dire *eb*, *ec*, *ed*... elles auroient un demy son aussi bien que les précédentes. Et il est aisé de faire voir que ce n'a esté que par un pur caprice sans aucune solide raison, que les Latins ont mis la voyelle deuant quelques lettres plustost que deuant d'autres ». Et il ajoute : « tout cela nous a fait croire que nous ne deuions point nous arrester à cette distinction, quoique nous retenions le nom de muettes en l'opposant au nom de liquides et non de demy-voyelles » (p. 673).

L'on a vu que ni les Grecs, ni les Latins, du moins avant le milieu du IVe siècle, n'avaient fondé la dénomination des demi-voyelles sur leur appellation alphabétique : Lancelot retourne ainsi à la vraie tradition des Anciens, en s'attachant à l'articulation elle-même et non pas à une certaine façon d'épeler. On se demandera seulement pourquoi, à ses yeux, *f*, *v*, *j*, sont muettes au même titre que *b*, *p*, puisque leur son propre peut suffire à les nommer; vraisemblablement, c'est qu'elles ne figuraient point parmi les semi-voyelles grecques qui se réduisaient aux sons alors connus.

Pourtant, quelque solides que soient les arguments de Lancelot, les grammairiens continueront longtemps encore à dénombrer les consonnes d'après leur épellation; lui-même, d'ailleurs, se laissera prendre à l'opinion reçue.

Comme de juste, la Grammaire de Port-Royal (1660) ne s'arrête pas à la distinction condamnée; voici le résumé de son enseignement en ce qui touche les consonnes :

« Et on a aussi vû qu'il y avoit d'autres sons qui, dépendant de l'application particuliere de quelqu'une de ses parties (la bouche) come des dents, des levres, de la langue, du palais, ne pouvoient néanmoins faire un son parfait que par l'ouverture même de la bouche, c'est-à-dire par leur union avec ces premiers sons (les voyelles) ». Plus loin : « Les consonnes seules ne peuvent composer une syllabe; mais il faut qu'elles soient accompagnées de voyelles ou de diphtongues, soit qu'elles les suivent, soit qu'elles les precedent » (p. 25).

De cette notion de la consonne, fausse surtout à propos des semi-voyelles entendues au sens reçu par les Grecs, et vraie seulement quant à celui que les Bas-Latins et Meigret lui attribuèrent, l'auteur déduit, avec une logique qui va jusqu'à forcer les faits, que les syllabes qui contiennent plusieurs consonnes de suite (scrobs, stirps) s'expliquent par l'articulation devenue imperceptible d'un *e* sourd après chaque consonne, en quelque sorte le « *scheva* » des Hébreux (p. 25). Fonder la syllabation sur un son qui n'est ni prononcé, ni perçu, voilà ce que la raison, oublieuse des faits, fera accepter des grammairiens les plus marquants du siècle suivant : l'abbé d'Olivet, Duclos, Beauzée, Fromant, Demandre... Une autre déduction, celle-ci plus pratique, amena l'auteur à proposer, comme plus raisonnable, l'appellation des consonnes par leur son propre, suivi de la voyelle *eu* : be, ce, de, fe, le (p. 60). Les faits eussent exigé qu'on prononçât plus simplement sans voyelle d'appui, *f*, *l*, *m*, *n*, *r*, *ch*, *j*, *s*, *r*.

Les consonnes sont dénombrées d'après la simplicité de leur son, en correspondance avec celles qu'on attribue aux Grecs, aux Latins, aux Hébreux : les 19 énumérées sont les mêmes que celles de T. de Bèze. Les 3 voyelles *i*, *ou*, *u* devant voyelle dans « mien, ayant, fouet, foi, fuire » sont encore considérées comme des diphtongues, « parce que les deux sons se joignent en un son complet » : on ne leur reconnaîtra que plus tard le rôle de consonne, quand on aura remarqué que leur émission comporte un son de bruissement. Le double *w* des langues du Nord « n'est que l'*u* Romain, c'est-à-dire *ou* », avec un bruit de consonne, ajouterons-nous. Le *v* est le digamma des Æoliens « qui avoit le son de l'*v* consonne ». Enfin l'*h* « est aspirée dans hauteur, honte », et non dans « honneur, homme ».

Consonnes qui n'ont qu'un son simple (p. 14 et 15).

Latines et vulgaires :

B b . . . . L l.
P p . . . . ill (comme dans fille).
F f ph. . . . . M m.

V v consonne.	N n.
C c (comme k devant a, o, u)	gn liquide.
G g (comme avant a, o, u).	S s.
I consonne	Z z.
D d	Ch ch (chose, cher).
T t.	H h (aspirée : hauteur).
R r.	

Ce dénombrement *acoustique* élimine les lettres à sons doubles ou doublant celui d'une autre lettre, telles que *x*, *q*, *k*. La détermination *physiologique* est pratiquement inexistante : celle de de Bèze et de Maupas était plus étudiée. Mais un point est du moins acquis : c'est le « son simple » et non la forme écrite qui sert de critère au dénombrement des consonnes.

La critique motivée de Lancelot visant les « demi-voyelles » n'a pas ému Bérain : celui-ci (1675) divise les consonnes, « qui ont besoin d'être accompagnées de voïelles pour pouvoir former un son et composer une sillabe », en « muétes et en demi-voïelles » (p. 277).

Les muettes sont : *b*, *c*, *d*, *f*, *g*, *p*, *q*, *t*; « dans la prononciation elles commencent par elles-mêmes et finissent comme si l'on prononçait une voïelle ». Les demi-voyelles au contraire sont prononcées « au commencement comme les voïelles et finissent par elles-mêmes » ; ce sont *l*, *m*, *nr*, *s*, *x*, *z*.

L' « Art de Parler » du P. Lamy (1676) reprend le point de vue et même certaines expressions de la Grammaire de Port-Royal : il conseille à bon droit à celui qui « veut déterminer comme se forme le son de chaque Lettre » de « porter un peu d'attention à ce que font les organes dont il se sert pour parler ». Il prétend qu'on « pourroit même faire parler un muet, en représentant à ses yeux la disposition que prennent les organes de la Voix pour faire sonner chaque lettre, dont on lui feroit voir dans le même temps les caratères » (p. 117).

Il n'oublie pas de se conformer à la tradition, en rappelant que « les lettres consones ne peuvent se prononcer sans faire entendre le Son d'une voyelle » : tel n'était pas, on l'a vu, le cas des semi-voyelles, aux yeux des Grecs et des Latins avant la basse époque. « Selon que la langue en se repliant arrête cet air qui forme la voix, ou qu'elle le laisse couler en s'étendant, qu'elle frappe les dents, et que les lèvres battent l'une contre l'autre, l'on entend sonner différentes consones. » Et il ajoute : « D'où vient que dans les grammaires on distingue les consones en lettres des lèvres, des dents, de la langue, du palais, du gozier ». Quand il s'agit de les énumérer, il manque d'assurance : « Voilà les simples consones qui sont douze en nombre, comme je pense, B, C, D, F, G, L, M, N, P, R, S, T ».

L'Auteur anonyme des « Véritables Principes de la Langue Françoise » (1684) recueille soigneusement les définitions de Meigret devenues traditionnelles.

« La consone est une lettre qui, par elle-même, n'a aucun son, si elle n'est jointe avec une voyelle : il y a 19 consones, *b*, *c*, *d*, *f*, *g*, *h*, *l*, *m*, *n*, *p*, *q*, *r*, *s*, *v*, *x*, *y*, *z*. » Ce sont les consonnes du P. Chifflet, D'autre part, les « muettes sont celles qui ont un son sourd, comme toutes celles dont la dénomination finit par une voyèle; be, ce, de, ge, ka, pe, qe, te »; et les « demy-voyèles sont celles qui ont un son plus clair; comme sont (à l'exception de l'*f*) toutes les consones dont la dénomination commence par une voyèle : comme el, em, en, er, es, ix ». L'énumération comporte aussi *k*, *q*, *x*, dont le son double celui de *c* et *cs*; et ce n'est qu'à propos de *l* dur et de *g* qu'il est question de *l* et *n* mouillés. L'*h* « s'aspire fortement »; précédé d'un *c*, ces deux lettres « se prononcent par un sifflement qui est propre à nôtre langue, comme dans chaleur » (p. 17 et 20).

L' « Art de bien prononcer » (1687), de Hindret, définit aussi les consonnes » des lettres qu'on ne saurait prononcer sans le secours de quelqu'une des voyelles ». Il en en compte 19 :

b, c, d, f, g, h, j, k, l, m, n, p, q, r, s, t, v, x, z.

L'auteur s'en tient à l'élément *acoustique*, et invite, à propos de chacune des consonnes, à ne pas suivre l'usage de ceux qui parlent mal : il est le premier à signaler la substitution de *y* à *l* mouillé à Paris.

Quoique le « Discours sur les consones » de l'abbé de Dangeau (1694) ait mérité les éloges des grammairiens, nous n'en soulignerons pas l'originalité qui s'affirme surtout dans un classement des consonnes déjà connu (Sylvius, de Bèze, Maupas), mais cette fois plus nettement motivé et clairement présenté, selon la région de leur articulation (labiales, dentales et gutturales), et selon le degré de leur force ou tension musculaire (fortes, faibles et nasales) : fortes et faibles répondent sans aucune erreur à nos sourdes et à nos sonores, sans pourtant qu'on soupçonne autrement que « par une petite émission de vois » le fait essentiel de leur distinction qui est l'absence ou la présence des vibrations laryngiennes.

Il répète qu'une consonne « ne peut être prononcée sans le secours d'une voyèle » ; selon lui, c'est d'après les Hébreux qu'elles « sont labiales, dantales, gutturales ». Voici l'énumération qu'il en fait, en caractérisant par ses éléments *physiologiques* chacune d'entre elles :

I. — 5 consones qu on apèlera Labiales :

$$\frac{B \mid P}{V \mid F} M.$$

« Elles se prononcent toutes deus en frappant de la lèvre d'anbas contre la lèvre d'anhaut ». Si le P est plus fort que le B c'est que le B « est *précédé par une petite émission de vois* ou par un petit mouvement de la bouche qui se fait santir assés distinctement à ceus qui y prènent bien garde; au lieu qu P n'est précédé de rien ».

Le V et l'F (Faveur) « se prononcent en joignant les lèvres aussi bien que le B et P. Mais avec cète difèrance qu'il faut aprocher la lèvre d'anbas des dants d'anhaut » (p. 3).

II. — 5 consones palatales :

(dire) D | T N (ténèbres).
(garenti) G | K (kalendes, colère).

« Pour prononcer D ou un T, il faut que le bout de la langue frape contre la partie du palais qui aproche les dants d'anhaut; pour prononcer G ou un K, il faut que cète même langue frape avec la pointe, la partie de la mâchoire d'anbas qui aproche des dants d'anbas, et que le milieu de la langue se relève vers le palais ».

III. — 4 siflantes (sístantes).

(zèle) Z | S (sobriété).
(jalous) J | Ch (chariot).

« Toute la difèrance est que pour prononcer le Z et l'S la langue frape contre les dants d'anhaut; et que pour le J et le Ch elle se recourbe en dessous, pour fraper le bas du dedans de la bouche ».

IV. — 10 foibles et fortes.

Foibles			Fortes
	B	P	
	V	F	
	D	T	
	G	K	
	Z	S	
	J	CH	

« Noter que dans les groupes de deus consones, la seconde, si elle est forte, fortifie la foible, si elle est foible afoiblit la forte (chevaus = jvaus). En outre, M « n'est autre chose qu'un B passé par le nez, et l'N n'est qu'un D passé par le nez ».

V. — 2 liquides :

L. . . . . larmes.
R . . . . royaume.

VI. — 2 mouillées :

N. . . . . ignorant.
L . . . . fille.

VII. — H : aspiration . . . . hazard.

Tableau (p. 20).

B / V	P / F	M	
D / G	T / K	N	
Z / J	S / CH		L, R, ll, ñ, H.

Soit 19 consonnes prononcées, avec élimination des lettres Q, C, X. « Je met les cinq dernières hors de rang. parce qu'elles ne se divisent pas come les autres en foibles, en fortes et en nazales ».

* * *

Ce tableau résume fidèlement et clairement les notions acquises au XVIIe siècle : sauf la « petite émission de voïs » qui dans *b*, *d*, *g*, doit désigner les vibrations sonores des cordes vocales, et les faits d'assimilation des groupes « forte-faible », et « faible-forte » (1), il n'ajoute pourtant rien à celui de T. de Bèze. Par suite d'un oubli, sans

(1) Il convient de noter que Milleran, « Nouvelle Grammaire Françoise » (1692), avait signalé le changement du *b* en *p* dans « obtenir, subtil... ». On le signala aussi au M. A. et même en latin.

doute, l'auteur néglige de définir les deux mouillées *l* et *n*, dont Saint-Liens et Maupas, pour *l* au moins, avaient donné une description heureuse; ce n'est point qu'il eût manqué d'oreille, puisque Thurot lui fait un mérite d'avoir signalé le premier « les sons un peu mouillés et come s'il y avoit un petit *i* » de *c* et *g* « devant les *é* fermés, les *è* ouverts et la voyelle *eu* », soit « guérir » comme « guiérir », « rigueur » comme « riguieur » (Troisième lettre : imprimée en 1722).

C'est enfin un principe qui ne sera plus guère contesté, que, pour être articulée, toute consonne doit être suivie d'une voyelle ou d'un *e* même imperceptible (Lancelot).

S'il est reconnu que certaines langues syllabisent ainsi (consonne + voyelle), que le français du Midi accuse cette tendance, et que celui du Nord admet aujourd'hui des groupes de consonnes qu'il tînt, à ses débuts, comme rudes ou étrangers, il est pourtant admis, de l'aveu des grammairiens eux-mêmes, que les consonnes d'un mot comme « obscur » étaient prononcées sans *e*, au XVIIe siècle comme aujourd'hui (1); seuls, les tracés en dénoncent, en certains cas, la survivance devenue inconsciente.

(1) Sur la syncope de *e* féminin entre deux consonnes, Cf. Thurot, *op. cit.*, I, p. 146.

CHAPITRE IV

L'enseignement des sons de consonnes au XVIIIe siècle.

Chez les grammairiens de ce siècle, l'étude des consonnes est loin d'être aussi originale que celle des voyelles; si l'on excepte Boindin, Beauzée, ils s'en tiennent au tableau de Dangeau, et continuent de considérer les muettes, et en général les consonnes, comme des articulations qui ont besoin de l'appui d'une voyelle pour faire un son. Ceux qui reconnaissent des semi-voyelles se fondent encore sur leur épellation. Les citations qui sont faites de R. Desmarais, du P. Buffier, de Boindin, Restaut, d'Olivet, Dumarsais, Duclos, de Wailly, Harduin, Boulliette, Beauzée, Féraud, Fromant, Demandre, Roche, Domergue, marquent ainsi la persistance de la tradition signalée depuis le XVIe siècle.

Pour Régnier-Desmarais (1706) les muettes sont des consonnes « dont le nom commence par une consonne », les demi-voyelles « commencent par une voyelle ». Sans déterminer autrement les unes et les autres, il se préoccupe surtout d'enseigner à lire correctement dans les mots les lettres qui les transcrivent; on ne saurait convenir sans être partial que, sur ce chapitre, sa grammaire est « curieuse et savante ».

En 1709, le P. Buffier ne montre qu'un peu plus de curiosité : il énumère 18 sons de consonnes, parmi lesquels figurent *l* et *n* mouillés, mais non pas *c*, *qu*, *x* (op. cit., p. 122, édition de 1714) :

b, p, v, f,
d, t, g, k,
z, s, j, ch,
m, n, l, r,
(λ) l mouillée (bailli),
(ñ) gn mouillé (cigogne).

Les consonnes « ne forment point de son que conjointement avec quelqu'une des voyèles » ; le son des voyelles est permanent, celui des consonnes passager, excepté pour *ch*, *s* (on ne sait pourquoi) : c'est confondre les muettes et les semi-voyelles. Enfin *b*, *d*, *g* « se prononcent plus faiblement en appuyant moins de la langue et des lèvres », point de vue signalé au XVIe siècle, et mis en lumière par Dangeau.

Vers la même année de 1709, Boindin rédigeait ses « Remarques sur les sons de la Langue » ; l'auteur, on l'a vu, doué d'une oreille très fine, y signale le premier l'articulation à Paris de trois sons mouillés : deux forts, celui de *gn* dans « mignon, règne » ; celui de *ill* dans « paille » ; un faible, celui de *y* dans « ayeul, payen ».

En outre, *g* est mou dans « gueule », dur dans « guenon » ; *q* est fort dans « que », faible dans « queue ». La mouillure de ces consonnes, bien connue aujourd'hui dans le parisien populaire, même devant *a* (cave, gare), n'est donc pas nouvelle. Dangeau l'avait remarquée ; Boindin en détermine ainsi la présence : *c* et *g* ne sont jamais faibles et mous devant les 6 grandes voyelles *a*, *â*, *an* ;

o, *ô*, *on*, et la petite voyelle *ou*; ils le sont devant les 3 petites voyelles *é*, *i*, *u* et les 5 grandes *è*, *ê*, *en*, *eû*, *eun*; devant *eu*, ils sont tantôt durs, tantôt mous (guenon et gueule, vainqueur et cueillir). Pourquoi ces divergences? « C'est qu'il faudroit faire pour l'une une opération de la gorge qui seroit trop rude, et pour l'autre un mouvement de la langue qui approcheroit trop du grassayement ». (Thurot, II, p. 198).

Tous les grammairiens ne sont pas sensibles à ces nuances, particulièrement ceux qui ne sont point de Paris : Dumas qui est de Nîmes, Harduin qui est d'Arras, Beauzée de Verdun, avouent ne pas les percevoir; Restaut, de Beauvais, n'en parle pas. C'est Boulliette, d'Auxerre, qui en donne la meilleure description physiologique : « L'articulation qui produit *ga* et *qua* (dure) se fait au fond de la bouche vers la gorge, la langue se gonflant vers sa racine, et se dégonflant ensuite subitement; au lieu que pour l'articulation qui produit *guai*, *quai* (molle), la langue, s'élevant par son milieu, va s'appliquer au palais, et se remet tout d'un coup dans sa situation naturelle ».

Les « Regles de la Prononciation pour la Langue Françoise » (1711) de Billecocq méritent à peine qu'on s'y arrête : il énumère 18 consonnes ou « lettres qui ne produisent aucun son toutes seules, si elles ne sont jointes à quelque voyelle ». Ce sont :

b, c, d, f, g, h, k, l, m, n, p, q, r, s, t, x, z, plus le j à queuë, et v rond.

Il signale, après Dangeau, la substitution du *p* à *b* dans « absent, absoudre, observer... ». D'après lui, « il faut prononcer les deux lettres de *gn* avec un son gras et doux : dignité, signal, seigneur... »; et « prononcer les deux *ll* de *ill* avec un son coulant et mouillé, et faire un peu sentir l'*i* : paille, maille; cil, péril, Avril, babil... » (p. 141 et 188).

H est aspirée parce que le souffle « se fait dans le gosier : hazard, haine, hêtre... » (p. 145).

Le son du *ch* est « moüillé, avec une prononciation grasse et douce qui approche de celuy du *g* devant *e* ou devant l'*i* » (p. 34).

Ce sont là des indications trop vagues pour être retenues et appliquées.

Les « Principes généraux et raisonnés » de Restaut (1730) exposent par demandes et réponses l'enseignement des sons et des lettres : d'après l'édition de 1740, « les consonnes sont des lettres ou caractères dont on se sert pour exprimer les différentes articulations des sons simples, c'est-à-dire des voyelles ». Ces articulations, représentées par les consonnes, répondent à des sons produits « par les différents mouvements de la langue, des dents et des lèvres », et conjointement avec le son de la voyelle suivante. Ainsi l'auteur distingue les sons simples qui sont les voyelles, les sons des articulations de ces sons simples, et les consonnes qui sont les lettres ou caractères écrits de ces articulations; en sorte que celles-ci « ne peuvent se faire entendre qu'avec le son des voyelles », et « dans un seul instant », excepté cependant pour « les sons du *j* ou de l'*i* consonne, de l'*s*, de l'*f*, du *ch*, de l'*r*, du *v* ou de l'*v* consonne, et du *z* que l'on peut continuer », mais toujours avec le son de l'*e* muet (p. 18).

Consonnes (lettres) : b, c, d, f, g, j, k, l, m, n, p, q, r, s, t, v, x, z = 18.

Articulations (sons) : b, c, ch, d, f, g, j, gn, h, l, ill, m, n, p, r, s, t, v, z = 19.

Aux prolongeables *j*, *s*, *f*, *ch*, *r*, *v*, *z* l'auteur eût pu joindre *l*, *m*, *n*, et retrouver ainsi les *semi-voyelles* auxquelles les Grecs reconnaissaient un son propre se suffisant par lui-même ; relevons qu'il en reconnaît un aux mouvements articulatoires des muettes, mais il ne songe pas encore à le considérer à part. L'*e* muet, qui doit toujours suivre l'émission des prolongeables, rappelle la façon d'épeler les consonnes proposée par Lancelot, et reprise en 1719 par de Launay, en 1733 par Dumas dans son « Bureau Typographique », puis par Berthaud dans son « Quadrille des Enfans » que les Dames de Saint-Cyr adoptèrent.

L'*h* n'est pas comptée au nombre des consonnes, parce que, dit Restaut, « elle ne forme aucun son particulier, et que, dans la plupart des mots, elle n'ajoute rien à la prononciation de la voyelle suivante ». Dans quelques-uns, elle « sert à marquer que la voyelle suivante est aspirée », c'est-à-dire « une voyelle dont le son se tire du gosier, et se prononce avec force » (p. 25). Voilà pourquoi l'*h* est moins une lettre qu'une marque d'aspiration. Il n'en serait pas de même si *h* ajoutait quelque chose au son simple des voyelles « en les fesant prononcer avec une modification particulière, qui consiste dans un mouvement ou dans un effort du gosier » ; elle mériterait alors de prendre le nom de consonne (p. 430).

On voit, par cet exemple, quelles distinctions subtiles les grammairiens curieux d'analyse sont amenés à proposer entre l'articulation et la consonne d'une part, entre l'articulation et la voyelle de l'autre, du fait qu'il est admis sans discussion que *la consonne n'a pas de son par elle-même*, autrement dit qu'elle est « muette ». Beauzée, nous le verrons, sera le premier à tenter une explication satisfaisante de cette notion.

Puisque, pour l'abbé d'Olivet (Prosodie : 1736), c'est aussi un principe « que dans aucune langue, ni vivante, ni morte, il n'est possible de prononcer une consonne sans le secours d'une voyelle, ou écrite, ou sous-entendue » et « qu'au défaut de toute autre voyelle, c'est ce que nous appelons l'e muet écrit ou non écrit, qui nous sert à prononcer une consonne », il s'ensuit nécessairement qu'on prononce *David*, *arbre* « comme si l'ortographe de ces mots étoit *David-de et are-be-re* ». On se dispense simplement de toujours l'écrire (édition de 1783, p. 40).

Voilà résolue la difficulté soulevée par les mots « stirps » et « scrobs » cités par Lancelot, entre les consonnes desquels « se trouve nécessairement, disait-il, le « scheva » des Hébreux que nous marquons par la voyelle *e* »; la logique exigeait de la sorte que le mot *Strasbourg* fût prononcé, qu'on le sente ou non, *Seteraseboure*. Fromant découvrira 4 voix dans *scribe* qui fait *sekeribe*, les *e* étant presque imperceptibles.

En ce qui concerne l'*h*, l'abbé d'Olivet rejoint Restaut : « la langue françoise, écrit-il, qui n'aime et ne cherche rien tant que la douceur, n'attribue nul autre effet à l'aspiration, que celui de communiquer à la voyelle aspirée les propriétés de la consonne » (p. 49).

Dumas (1733) emprunte à Dangeau sa division des consonnes en faibles et fortes, sèches et liquides, et mouillées. Possédant dans son parler les mouillées, il ne manque pas de remarquer, comme Hindret et Boindin, que « le peuple de Paris confond le vrai son de *l* mouillée avec un son moyen semblable au son de l'*y* grec mouillé dans les mots *ayant*, *ayeul* » (op. cit., p. 202). « D'autres estrangers, ou provinciaus, remarque-t-il à propos de *n mouillée*, prononcent *mignion* et *ignorant* comme s'il y avoit *minion* et *iniorant* ».

Chargé des articles concernant la Grammaire dans l'Encyclopédie (1751), Du Marsais, de Marseille, répète que « les consonnes ne sont entendues qu'avec l'air qui fait la voix ou voyelle » (1). L'air « reçoit des trémous-

(1) En notant que la voix est produite par les « cordes vocales », l'auteur rapporte cette expression à M. Ferrein, et renvoie aux « Mémoires de l'Académie des Sciences » : 1741, p. 409.

sements » dus aux mouvements des différents organes.

Il en résulte des consonnes ainsi réparties :

Labiales	b, p, f, v, m.
Linguales	d, t, n, l, r.
Palatiales	y, j, c, k, q, l̮, ye.
Dentales	s, z, ch.
Nazales	m, n, gn.
Gutturales	h, jota, x.

Le français comporte 19 sons de consonnes :
b, k, d, f, g, j, l, m, n, p, r, s, t, v, z, et ch, gn, l mouillé fort, y mouillé foible.

En dehors des labiales et des nasales, on ne sait pas bien ce qui oppose les linguales aux dentales; les gutturales sont ici des articulations du larynx. On verra plus loin que Demandre réserve aussi le nom de « gutturale » à *h*, et qu'il explique le terme « dentales » par celui de « sifflantes » (p. 160).

Dans ses « Remarques » à la Grammaire de Port-Royal (1754), Duclos recueille avec intelligence l'enseignement de Lancelot, Dangeau et Boindin, sur les sons des consonnes; voici son Tableau où 22 sont proposées (p. 21).

Consones.

Sept foibles :	*Sept fortes* :
b, de bon.	p, de pont.
d, de don.	t, de ton.
g, de gueule.	g, de guenon.
j, de jamais.	ch, de cheval.
c, q. de cuiller, queûe.	k, de Kalendes.
v, de vin.	f, de fin.
z, de zèle.	s, de seul.

Deus nasales :	*Deus liquides* :
m, de mon.	l, de lent.
n, de nom.	r, de rond.

TROIS MOUILLÉES.

Deus fortes :

ill, de paille; gn, de règne.

Une foible :

ï tréma, de païen, aïeul.

Une aspirée :

H, de Héros.

En classant le *g* dur parmi les fortes, et le *c* mouillé parmi les faibles, il fait erreur et se sépare de Dangeau : la mouillure n'affaiblit point le *c* ou le *q*, tout au contraire, parce qu'il a une surface de contact palatal plus grande que la dure, et ne comporte pas pour cela la « petite vois » qui vient des cordes vocales en vibration; par contre, le *g* dur reste faible et sonore et s'oppose au *k* de « kalendes ».

A son tour il admet et développe les conséquences de la définition des consonnes qui « ne peuvent seules composer une syllabe » : étant donné que celle-ci est « un son complet », elle « peut être formée ou d'une voyèle seule, ou d'une voyèle précédée d'une consone qui la modifie ». Comment dès lors expliquer les syllabes composées de plusieurs consonnes? En distinguant la « silabe d'usage » et la « silabe fisique » : « Toutes les fois que plusieurs consones de suite se font sentir dans un mot, il y a autant de silabes réèles (fisiques) qu'il y a de ces consones qui se font entendre, quoiqu'il n'y ait point de voyèle écrite à la suite de chaque consone » (p. 27). La prononciation supplée un *e* muet et la syllabe devient réelle pour l'oreille; c'est ainsi que le mot *armateur*, qui compte 3 syllabes d'usage, fait entendre « nécessairement *arema-*

teure », soit 5 syllabes physiques et réelles. Si impeccable que soit le raisonnement, il ne saurait pourtant faire qu'on entende ce qu'on ne prononce pas.

Il reprend à Boindin les 3 sons mouillés, forts de *n* et *l*, faible de *y* qu'il considère avec raison comme une véritable consonne et non plus comme un élément de diphtongue (1); c'est le même son « que les enfans et ceus dont la prononciation est foible et lâche » émettent dans *paille*, *Versailles* (païe, Versaïes). Il pense que l'équivoque serait évitée si l'on s'entendait pour transcrire par un *lambda* (λ) et un ñ espagnol, comme l'avait fait le P. Buffier, les mouillés forts *ill*, *gn*, et par *y* le mouillé faible.

La méthode d'épellation de Lancelot lui paraît excellente en tout point; elle l'emportera sur l'ancienne, à ce qu'il augure, « mais il faudra du tems, parce que cela est raisonable ».

Malgré sa réputation, Harduin, d'Arras (Remarques diverses sur la Prononciation et l'Ortographe : 1757) ne marque aucune originalité dans l'examen de ses 18 consonnes simples, dans lesquelles il distingue, comme Dangeau, des *faibles* (b, d, g, j, v, z) et des *fortes* (p, t, k, ch, f, s). De même que Billecocq, il appelle « grasses » les mouillées *gn*, *ill*, et découvre après Duclos trois syllabes dans *armé* = *a-re-mé* (p. 55).

En suivant Duclos, Boulliette (1760) résume avec clarté la théorie admise jusqu'ici sans contestation : « les consonnes ne sont que des articulations ou modifications des voyelles »; elles ne sont pas des sons proprement dits,

(1) Il est bien près de sentir aussi une consonne dans le premier son des diphtongues de *ciel*, *nuit*, *oui*, *loi*, *foi*, *moi*. « Je pourois nomer *transitoire* le premier son de nos diftongues, et *reposeur* le second, parce que le premier se prononce toujours rapidement...; quoique l'on écrive *loi*, *foi*, *moi* avec un *o* on n'entend que le son *ou*... », laquelle voyelle se prononce *très rapidement* (p. 29).

mais « des agitations ou trémoussemens que diffèrentes causes donnent à la voix ». Il s'ensuit qu'une voyelle jointe à une consonne ne fait qu'un seul son qui est le son articulé; la consonne précède toujours la voyelle (ba, bé, bon), et le son n'en est pas permanent, si ce n'est, comme nous avons vu Restaut le marquer, pour les 7 consonnes *v*, *f*, *j*, *ch*, *z*, *s*, *r*. Enfin une consonne finale de mot ou initiale de syllabe est toujours suivie d'un *e* muet (p. 37 et suiv.). Le tableau de ses consonnes est le suivant, en les considérant « seulement par rapport à leurs sons » (p. 44).

CONSONNES FAIBLES		CONSONNES FORTES	
	Cinq labiales :		
B	bouche.	P	pompe.
V	Vin de Grave.	F	fief.
M	maxime.		
	Quatre sifflantes :		
J	joue, dis-je.	Ch	chiche.
Z	Zizanie.	S	Samson.
	Cinq linguales :		
D	D'Inde.	T	Tinte.
L	L'asyle.	R	Redire.
N	hernie.		
	Deux gutturales :		
G	Goguenard.	Qu	Coquemar.
	Cinq mouillées :		
Gu	gueux.	Qu	Queue.
Ï	Faïence.	ill	Vaillance.
Gn	règne.		

H ne représente aucun son, mais une aspiration forte qui se fait en prononçant une voyelle.

Soit 21 consonnes, en comptant les deux mouillés G et Q ; notons que Boulliette évite de ranger le G dur parmi les fortes et le Qu mouillé parmi les faibles, comme l'avait fait Duclos. Il faut faire épeler syllabiquement : bon, ba.

« Les consonnes, écrit de Wailly (1763), ne forment un son qu'avec le secours des voyelles » ; on les prononce de deux manières : bé, cé, dé, effe, gé, ach ; ou bien en rapprochant « le plus qu'il est possible leur prononciation de leur valeur », faisant faiblement sentir l'*e* muet be, ce ou ke, de, fe, ge ou gue, he..., ce qui est préférable.

Le Tableau de ses consonnes s'inspire aussi de celui de Duclos, et propose 21 ou 22 sons exprimés par :

B	bombe.
C, ch, k, q	car, cour, chaos, Kan, qualité.
C, q (moins forts)	cure, quitter.
C, s, t	ciel, situation.
Ch	chercher, chanoine.
D	dindon, David.
F, Ph	filer, philosophie.
G	garçon, goguenard.
G (moins fort)	guérir, guider.
G, J	gêner, jambe.
Gn	ignorer.
H aspirée	la haine.
L	la lumière.
L (mouillée)	mail, vermeil.
M	maxime, midi.
N	narines.
P	par, pour, point.
R	réussira.
T	tenir, tirer.
V	vivant, vanité.
Z	zizanie, raison.

En comptant le mouillé faible représenté par *ı* dans *faïence*, et par *y* dans *Bayeux*, *je paye*, cela donnerait 22 consonnes. En fait, des 3 mouillés faibles (ı, g, y), le dernier seul finira par s'imposer aux phonéticiens, sous le nom de semi-voyelle (1).

Le « Dictionnaire » de Féraud (1761) et les « Principes de l'Orthographe » de Douchet (1762) ne méritent point qu'on s'y attarde : les consonnes, d'après le premier, « sont des lettres qui n'ont point de son toutes seules, sans l'addition ou le secours d'une voyelle » ; pour le second, les consonnes, « sont des caractères destinés à représenter les articulations ».

La « Grammaire générale » de Beauzée (1767), par contre, marque un effort sérieux pour voir clair dans le mécanisme, encore bien vaguement expliqué, des articulations transcrites par les consonnes. Selon Fromant, une Thèse de Médecine de M. de Savary avait prétendu « que l'essence des articulations consiste dans l'interception momentanée du son ». Beauzée y découvre deux choses : *le mouvement instantané des organes de la voix*, et *l'interception momentanée de la voix*. Or ni le mouvement en soi, ni l'interception de la voix ne sont du ressort de l'audition; et pourtant *a*, *i*, *é*, qui se retrouvent dans *vanité*, *badiné*, *ranimé*, ne font point que l'oreille

(1) L'on a vu plus haut qu'Harduin, d'Arras, s'en prenait au P. Buffier d'avoir considéré l'*i* de *Naïade*... comme un mouillé faible *y*, c'est-à-dire une consonne. Ce n'est pas sans raison qu'il voulait qu'on considérât aussi comme consonnes les *ou*, *u*, de *ouate*, *huître*, *écuelle*, *fouine*, qui sont en même situation que *i* : chose qui d'ailleurs lui paraissait impossible à admettre. (*Dissertation*... 1760).

confonde les trois mots. Donc elle perçoit autre chose que le son des *voix*, et ce n'est pas l'interception de la voix, ni le mouvement organique : qu'est-ce au juste? En réalité l'échappement de l'air par la bouche, et les différents degrés de vitesse qui lui sont imposés par le jeu des organes, autrement dit des **explosions** dont les différentes sortes constituent les différentes articulations des voix.

Ces explosions précèdent la voix qu'elles modifient, comme « le coup de langue du joueur de flûte » (p. 62). Si l'explosion est produite par une augmentation de vitesse de l'air, elle est *organique* ; si elle est produite par une grande affluence de l'air à la sortie de la trachée, elle est *aspirée*.

I. — Les explosions ou articulations *organiques* sont :

Labiales . . . . . . si elles naissent du mouvement des lèvres.
Linguales. . . . . . si elles naissent du mouvement de la langue.
Nasales. . . . . . . si l'écoulement d'air se fait par le nez.
Orales . . . . si l'écoulement d'air se fait par la bouche.

Les LABIALES . .	*orales* sont.	b, p, v, f.
	nasales	m.
Les LINGUALES. .	*orales*	d, t, g, k, z, s, j, ch, l, r.
	nasales	n.

Sont communes aux orales labiales ou linguales :

Les MUETTES . .	qui naissent d'une interception totale de l'air et sont :	
	labiales.	b, p.
	linguales	d, t, g, k, l, r.
Les SIFFLANTES .	qui naissent d'une interception partielle de l'air, et sont :	
	labiales	v, f.
	linguales.	z, s, j, ch.

Les linguales orales sont encore :

Les GUTTURALES	g, h.
Les LIQUIDES.	l, r.
Les SIFFLANTES.	z, s, j, ch.

Au regard enfin de l'explosion, elles sont en outre :

CONSTANTES. . .	quand l'explosion est de même force (m, n, l, r).
VARIABLES . . .	quand l'explosion a des degrés différents (six paires : b, p, d, t, v, f, g, k, z, s, j, ch).

II. — L'explosion ou articulation *aspirée* est l'H, au début des mots : *héros*, *hameau*.

TABLEAU DES ARTICULATIONS (p. 71).

I. — **Organiques.**

		CONSTANTES	VARIABLES	
			Faibles	*Fortes*
		—	—	—
Labiales : nasale.		M : mort.		
— orales	*muettes*.		B : baquet.	P : paquet.
	sifflantes		V : vendre.	F : fendre.
Linguales : nasale		N : Nord.		
orales : *muettes*	dentales.		D : dome.	T : tome.
	gutturales.		G : galle.	K : calle.
	liquides. .	L : loi.		
		R : roi.		
orales : *sifflantes*	dentales		Z : zélé.	S : scélé.
	palatales		J : Japon.	Ch : chapon.

II. — **Aspirée.**

H, héros.

Que manque-t-il aux déterminations proposées par

Beauzée pour satisfaire les phonéticiens modernes? Les termes consacrés, croyons-nous, d'OCCLUSIVES pour désigner « l'interception momentanée et totale de l'air sonore », de CONSTRICTIVES pour dénommer « l'interception partièle de l'air sonore »; celui d'*explosion* y figure, pas encore celui de *friction* pour caractériser la forme du bruit qui répond à « une sorte de sifflement » dans l'émission de *v*, *f*, *z*, *s*, *j*, *ch*. Le mécanisme des articulations est en tout cas compris : « De manière que si l'on réunit les lèvres pour articuler *p*, l'on n'entendra rien jusqu'à ce qu'elles se séparent pour laisser un cours libre à l'air. Si l'on serre les lèvres pour prononcer V, l'on n'entendra qu'une sorte de sifflement jusqu'à ce qu'elles s'ouvrent pour produire le son *Ve* ».

Si donc « l'*oreille distingue très sensiblement* les modifications de la voix représentées par les consonnes », notion nouvelle qui mérite en grammaire le nom de découverte, pourquoi Beauzée se libère-t-il incomplètement des déductions purement logiques de la fausse définition en usage : « les consonnes n'ont pas de son par elles-mêmes », et « elles sont nécessairement suivies d'un son de voyelle »? (p. 107).

Il se juge en effet obligé, après d'Olivet, Duclos, d'imaginer des « syllabes physiques » et des « syllabes artificielles » : le mot *trompeur* contient, d'après lui, deux syllabes artificielles et quatre syllabes physiques répondant à *te-rom-peu-re* : deux ont une voix sensible (*om*, *eu*), deux ont une voix insensible (*te*, *re*). Le concept de la syllabe (1) lui impose, comme à tous, celui de la consonne dont le son propre ne sera considéré en lui-même que plus tard.

(1) L'abbé Girard (*Vrais Principes* : I, p. 22) comptait les syllabes

Les rectifications de Beauzée ne paraissent pas avoir retenu l'attention des grammairiens; à l'exception de Fromant qui s'y arrête avec complaisance, et de Maugard, aucun n'a cru devoir se départir de l'opinion traditionnelle à l'égard des sons de consonnes.

Demandre consacre un long article au mot *Consonne*, dans son « Dictionnaire de l'Elocution » (1769) : il n'y fait preuve que d'un éclectisme intelligent, en prenant à Restaut sa définition des articulations, à Dangeau sa distinction des fortes et des faibles, à Dangeau, Boindin et Duclos, leur dénombrement des mouillées.

« Une consonne, écrit-il, est l'effet de la modification passagère que le son de la voix reçoit par l'action momentanée de quelqu'un des organes de la parole »; 19 caractères simples servent à exprimer les 20 articulations simples qu'il admet; savoir (I, p. 243):

b, c doux, d, f, g doux, g dur, h, l, m, n, p, q, r, s doux, t, v, y mouillé, ch doux, n mouillé, et gu aussi mouillé.

Elles sont :

Labiales	m, b, p, v, f.
Dentales ou *sifflantes*	j, g, ch, sch, z, s.
Palatiales	g, c, k.
Gutturale ou *aspirante*.	h.
Fortes	p, t, c, ch, f, s.
Faibles.	b, d, g, j, v, z.

Les *liquides* *l*, *r*, comme les deux *nasales* *m*, *n*, « peuvent se lier avec chacune des autres consonnes, soit foibles, soit fortes, sans devenir elles-mêmes ni plus fortes ni plus foibles ». Il n'en est pas

par *le nombre des impulsions de voix* : *Baal*, compte 2 syllabes, parce que après le premier *a* « il se fait une aspiration ou un nouveau petit mouvement d'organes pour former et pousser le son de a ». L'union des voyelles est faite sans interruption dans *Dieu* : ce mot ne compte que pour une syllabe.

de même des autres, car « la forte change la foible, et la foible fait que la forte qui est devant, devient foible ».

Au mot « *Prononciation* » (II, p. 247), Demandre se résout à ne compter que 19 articulations simples de consonnes, l'élimination du *g* et du *q* mouillés lui paraissant préférable, parce que leur prononciation est « peu sensible ». Enfin, à l'exemple de Lancelot, il joint les consonnes « à un *e* muet, comme à la voyelle la plus foible, celle par conséquent qui laisse à l'oreille plus d'attention pour la consonne, puisque c'est elle qui en demande le moins pour elle-même ».

L'enseignement de Roche, de Domergue, ajoute peu de chose à celui de Demandre ; du premier, nous voulons toutefois signaler la définition des *l* et *n* mouillés, de l'*i* consonne, reproduire le tableau des consonnes, et la règle des *e* muets (Entretiens : 1777.).

« Le son de *l* mouillée est à peu près le même que celui de la syllabe *li*, avec cette différence que *l* mouillée se prononce de la racine de la langue, et ne forme qu'une seule articulation, au lieu que la syllabe *li* se prononce presque du bout de la langue, de manière qu'on fait entendre distinctement l'*l* et l'*i*.

N mouillée se prononce *ni* de la racine de la langue, de manière à ne faire de ces deux lettres qu'une consonne » (p. 130). Enfin, « devant voyelle, *i* a le son de mouillé imperceptible, quand il forme une diphtongue après une consonne qui le modifie, comme dans *bien, mieux, sortions* » (p. 123) [1].

(1) Le *ou* est resté « un son très bref et très aigu » pour Boulliette. J. B. Roche est sans doute le premier qui ait défini le son consonifié de l'*i* et de l'*u* devant voyelle, et ait rangé l'un et l'autre dans le tableau des consonnes.

TABLEAU DES DIFFÉRENTES ARTICULATIONS (p. 169).

Aspiration		h.
Gutturales	douce	g.
	forte	c, k.
Sifflées palatiales .	très douce . .	i voyelle : *paien*, *fiole*.
	plus marquée.	z : *zèle*.
	forte.	s (c sifflé) : *ciel*.
Sifflées dentales. .	très douce . .	i voyelle.
	plus marquée.	j (g sifflée) : *jonc*.
	forte	ch.
Mouillées.	très douce . .	i voyelle : *paien*, *fiole*, *rayer*.
		l mouillée : ill, il : *railler*, *bail*.
		n mouillée : gn : *campagne*.
Labiales pures . .	très douce . .	u voyelle : *fuite*, *huit*.
	plus marquée.	b : *bon*.
	forte	p : *pain*.
	nasale. . . .	m : *main*.
Labiales dentales .	très douce . .	u voyelle : *fuite*.
	plus marquée.	v : *vin*.
	forte	f : *femme*.
Frappées.	douce	d : *danser*.
	forte	t : *tendre*.
	nasale. . . .	n : *naître*.
Liquides ou frôlées.	douce. . . .	l.
	forte	r.

La prononciation des *e* muets était alors comme aujourd'hui une cause d'embarras pour le lecteur désireux d'observer le rythme syllabique des vers ou simplement le bon usage; dans les vers suivants, cités par Roche, ils sont l'objet d'une discussion serrée entre les interlocuteurs de ses « Entretiens » (p. 48) :

C'est de Dieu que nous vient cet art ingénieux
De peindre la parole et de parler aux yeux.

S'ils sont lus comme de la prose, ils ne comptent plus que 8 et 9 syllabes :

Cèd'-Dieu-k' nous-vient-star in-gé-nieux (8 syllabes)
D'pein-d'la-pa-ro-lé-d'par-ler-aux-yeux (9 syllabes).

Même difficulté pour déclamer la phrase suivante :

On ne s'égarera point quand on se gardera de toute prévention.
On-n'-sé-gar'-ra-point-quand-on-s'gar-d'rad'-tou-t'pré-ven-tion.

A ce propos, l'auteur observe très justement que « quand deux syllabes muettes se suivent immédiatement, nous sommes naturellement portés à faire sentir l'*e* dans l'une ou dans l'autre, comme on peut le voir dans ces phrases :

Vous me le permettez, je ne partirai que demain.
Vous-meul-permettez, jeu-n'partirai queu-d'main. (p. 50).

C'est pourquoi il formule la règle suivante, qui est celle de nos phonéticiens (1) : « *L'e muet se prononce presque toujours lorsqu'il suit deux consonnes différentes, et distinctement articulées* ».

Par exemple, « les mots entretien, prenons, noblement, pauvreté, espièglerie, armement, il ornera, amplement, se prononcent entreutien, preunons... ». La règle s'applique aux syllabes d'un même mot et de deux mots : « un honnête revenu, une parole tenue... un h-onnê- treu-v'nu, un'-parol'-teu-nue. »

Si la raison qui en est donnée est contestable (à savoir la présence d'un premier *e* muet voulu par le groupement de deux consonnes *tre*, *pre*, *ble* pour *tere*, *pere*, *bele*, selon la théorie admise depuis

(1) Cf. Rousselot : *Précis de Pr. Fr.*, p. 147 (maintien de l'*e* muet) ; Grammont : *Traité de Pr. Fr.*, p. 106 (l'*e* caduc).

Lancelot, et prononcé trop rapidement et imperceptiblement pour ne pas s'appesantir sur le second), il n'en reste pas moins que la règle est clairement énoncée, et s'impose aujourd'hui comme au XVIIIe siècle. Roche ajoute que la poésie exige, dès lors qu'ils sont comptés comme syllabiques par le poète, que les *e* muets soient prononcés.

Domergue juge que « la raison a enfin triomphé de la routine » du fait que l'ancienne appellation des lettres bé, cé, dé, ef, gé, hache... a fait place à la nouvelle be, ce, de, fe, ghe, he. On lui doit la détermination du son de la lettre h :

Avant lui, Lartigaut (1670) avait noté qu'on n'en percevait plus le son ; d'Olivet, Boulliette, ne lui avaient plus reconnu « un effort du gosier », mais deux simples impulsions de voix dans « un crime honteux ». Domergue veut qu'on distingue deux sortes d'aspirations : l'une *forte*, sans élision, sans liaison, mais avec effort, quand il s'agit de peindre un sentiment énergique (je hais) : elle répond en réalité à une forte accentuation de la voyelle initiale, parfois à une attaque forte de la vibration glottale. L'autre est *douce*, et s'exécute sans élision, sans liaison et sans effort, dans les mots qui ne répondent pas à une élocution expressive (la hiérarchie des devoirs). (Cf. Brunot, op. cit., VI, p. 996.)

* * *

Assez réduit paraîtra le bilan grammatical du XVIIIe siècle en ce qui concerne l'enseignement des sons de consonnes : distinction du *mouillé faible* (y), des deux *mouillés forts* (ill, gn) ; reprise de l'*épellation* des consonnes proposée par Lancelot, et de la *syllabation* théorique du même auteur, dans les mots contenant des consonnes groupées ; essai d'analyse objective de l'*articulation de la consonne*, et mise en relief du *son qui lui est propre*, sans que toutefois il soit séparable de celui de la voyelle suivante dont l'appui est indispensable. A ces notions sont attachés surtout les noms de Boindin, d'Olivet, Duclos, Beauzée. A Roche revient, semble-t-il, le mérite d'avoir classé les voyelles *i*, *u*, devant une autre voyelle dans certains mots, parmi les consonnes, et d'avoir formulé une règle sur la prononciation des *e* muets (1). Son tableau des consonnes dénote un sentiment très développé des nuances qui peuvent les caractériser sous des aspects divers.

N'offre rien d'original l'enseignement de Jacquier (1740), de Mauvillon (1754), de Viard (1778). Mérite toutefois une mention la « MÉTHODE POUR APPRENDRE A LIRE LE FRANÇOIS ET LE LATIN » par de Launay (fils) (1741) : elle consiste à faire épeler *syllabiquement* les mots, de sorte que les consonnes sont toujours prononcées avec la voyelle suivante, jamais isolément. La méthode avait été exposée par de Launay père dans un traité imprimé en 1719. Il est intéressant d'y apprendre que l'*h* est ou bien *consonne*, avec aspiration, ou bien *muette*, et alors elle n'a aucun son particulier (p. 30). La lettre *y* « est amphibie », et peut remplir deux fonctions : celle de la voyelle *i*, et celle de consonne dans *ya*, *ay* (p. 40).

La « GRAMMAIRE FRANÇOISE » de Wandelaincourt (1782) veut qu'on distingue *bal* et *balle* (p. 31); elle enseigne aussi que *H* est muette, ou consonne et aspirée (p. 40).

(1) Demandre (*op. cit.*, p. 255) avait signalé, sans formuler de règle, que l'*e* féminin doit se prononcer après plusieurs consonnes « difficiles à réunir, comme *il montrera...* ».

CHAPITRE V

L'enseignement des sons des consonnes au XIXe siècle.

Le XIXe siècle est avant tout celui de la Dialectologie, de la Linguistique et de la Phonétique. Les traditions grammaticales y sont représentées, on l'a vu, par Lévizac, Girault-Duvivier, Napoléon Landais, Mme Sophie Dupuis, Féline, Maigne, Littré.

Pour le premier, les consonnes ne peuvent « former un son que par leur union avec les voyelles » : ce sont des « articulations », c'est-à-dire, selon la définition de Beauzée, « des explosions que reçoit la voix par le mouvement subit et instantané de quelqu'un des organes mobiles de la parole ».

D'après ces organes, elles se divisent, ainsi que Demandre l'avait proposé, en :

Labiales	B, P, F, V, M.
Dentales	L, Z, Ch (sifflantes).
Linguales.	D, T, N, L, R.
Palatales	G, J, G fort, K, Q, iLL, il.
Nasales	M, N, GN.
Gutturale	H.

On les nomme aussi :

Labio-dentales	F, V.
Gutturo-sifflantes	X.
Liquides	L, R.

« C'est mal prononcer *l* mouillée, ajoute l'auteur, que de prononcer *meilleur* comme s'il y avoit *mélieur* ou *meïeur* » (p. 100). Il croit donc qu'il est encore possible de la prononcer correctement. Enfin, d'après le tableau de Dangeau, les consonnes sont aussi *fortes* ou *faibles* :

FAIBLES	FORTES
b	p
d	t
g (gueule)	g (guenon)
j	ch
c, q	k
v	f
z	s
m	l
n	l mouillée
y	gn
	r

La répartition marque quelque arbitraire à propos de *c*, *q*, d'une part, et *l*, *gn*, *r* de l'autre.

Selon Girault-Duvivier, les consonnes « n'affectent que le commencement des sons des voyelles auxquelles elles sont jointes » : nous n'y insisterons pas davantage. Napoléon Landais est de tous le plus renseigné et le plus original. Dès le début de sa « Grammaire » (1836), il nous reporte au siècle précédent : « les lettres qui représentent les articulations s'appellent consonnes, parce que ces articulations ont besoin nécessairement pour former un son d'être réunies à des voyelles » (p. 15). Et il s'explique en citant le traité de « l'Orthographe » de Maugard qui s'est lui-même inspiré de Beauzée. Sa définition de la consonne est celle de Demandre : « effet de la modification passagère que le son de la voix reçoit par l'action momentanée de quelqu'un des organes de la parole » (p. 45). D'après les organes qui interviennent, elles sont :

Labiales	b, p, f, v.
Dentales	s ou c doux, z, ch (ou sifflantes).
Linguales	d, t, n, l, r.
Palatales.	g, j, g fort ou k, k ou q, il ou ill.
Nasales	m, n, g.
Gutturales	h, g dur (orgues).
Liquides	l, r.

Fortes et faibles (d'après Dangeau).

Il compte 19 consonnes ou *lettres* : b, c, d, f, g, h, j, k, l, m, n, p, q, r, s, t, v, x, z et 20 *articulations* simples : b, c doux, d, f, g doux, g dur, h, l, m, n, p, q, r, s doux, t, v, y mouillé, ch doux, n mouillé et gn mouillé.

Il faut les appeler *be*, *fe* et non pas *bé*, *eff*.

Les sons mouillés de *l* et *n* (il, ill, gn) paraissent lui causer quelque embarras : le premier devrait répondre au son italien de *gli*, mais quelle est la prononciation de ce *gli*? Nous n'en savons rien, car c'est une « infernale prononciation » : en fait, le son « peu harmonieux » des *l* vulgairement dits mouillés est celui de la diphtongue *ie* (paille, abeille... = pai ie, abei-ie ; fille, pillage. . = fiie, piiage) et non pas *li* (fileie, baitaielion) [p. 57].

Le son de *n* mouillé dans « champagne, soigner, peigne... » est « plus dur et plus fort que le son que l'on représente par *g*, mais plus faible que celui de *n* » : il pense aussi que ce son est presque intraduisible ; la seule façon raisonnable de l'écrire lui paraît être *gni* (agnelé = a-gnielé) suffisant pour éviter de lire *gue-ne* ou *g* + *n*. Reconnaissons que les grammairiens des siècles précédents avaient défini ce son avec plus de précision.

Il est plus à l'aise dans la détermination de la syllabe : étant entendu, depuis l'abbé Girard, que *l'impulsion de la voix* fait la syllabe, il se demande « qu'est-ce qui fait l'unité ou la pluralité des impulsions de la voix ». Or, « la première vient de la continuité, la seconde de l'interruption du passage de la voix »; entendons « voyelle » par « voix ». Si la consonne est au service de la voyelle qui la suit, elle « demande une seconde impulsion, et forme une prononciation interrompue : telle est la consonne *r* dans *marais.* Si elle est au service de la voyelle qui la précède, elle « ne cause point d'interruption dans la prononciation de la voyelle précédente : telle est la consonne *r* dans *mer* ». Enfin, « un mot a autant de syllabes qu'il comprend de voix sensibles prononcées en une seule émission » (p. 70) :

Si plusieurs consonnes se suivent, il faut, comme Lancelot, d'Olivet, Duclos et Beauzée, leur postposer un *e* muet imperceptible; dans des mots comme *lieu*, *lien*, la voyelle *i* est « presque insensible », et ne rompt pas l'unité d'émission de la voix (p. 69). On le voit une fois de plus, la définition que Meigret donnait de la consonne a commandé aussi celle de la syllabe.

Le « Traité de Prononciation » de Mme Dupuis (1836) reprend à Dangeau la distinction des consonnes en *faibles* et en *fortes*, et le principe de leur *assimilation.*

Sur la prononciation de *l* mouillé alors disparu de la région parisienne, il émet une opinion qui ne paraît pas avoir été partagée dans la suite : *l* mouillé se prononce de deux manières, selon l'auteur; « l'une propre au discours soutenu, l'autre à la conversation ». Dans le discours soutenu « il consiste à faire entendre un *i* après l'*l*, indépendamment de celui qui existe réellement devant cette consonne, et sans lequel il ne peut y avoir de mouillé » (billard, billot = biliard, biliot). Ainsi prononcé, *l* mouillé aurait le son de l'italien *gli*, et *souiller* ne diffère pas de *soulier*. « Le mouillé de la conversation consiste à supprimer *l*, sans que cette suppression ait rien de ridicule ni de trivial » (poulailler, billard = poula-ier, bi-iard) (p. 132).

Un des membres de la « Commission officieuse » réunie par Féline (1851) est d'avis que *l* mouillé est un *y* (Bayeux) ; les autres, dont Féline, le considèrent comme la réunion de *l* et *y* (ly). Ils perçoivent les deux formes de *q* et *g*, molles et dures, mais décident de ne pas les introduire dans leur nomenclature des consonnes. Celles-ci sont au nombre de 20 (p. 35).

11 *explosantes* brèves : pe, be, me, te, de, ne, ke, gue, gne, le, ille (ly mouillé) ;

8 *sifflantes* longues : ye, fe, ve, we, si, ze, che, je ;

1 *roulante* : re.

On notera que, pour la première fois, la voyelle *o*, premier élément de diphtongue (loi, foi) est considérée comme une consonne, au même titre que *y* ; reste l'*u* de *nuit* ; l'*h* est éliminée.

D'après Maigne (1868), les sons élémentaires d'une langue sont ou bien des voix « qui sortent de l'organe vocal sans effort et sans articulation bien sensible », ou bien des articulations ou consonnes « qui s'articulent plus ou moins fortement », et « ne se font jamais entendre seuls », étant pour ainsi dire les articulations des premiers. C'est la doctrine traditionnelle ; il voudrait, non sans raison, qu'on réserve le nom de consonnes aux *lettres* et celui d'articulation aux *sons* qu'elles représentent (p. 6, 7).

Il ne reconnaît que 18 articulations, le *w* étant éliminé, toutes épelées avec l'*e* muet ; il réintègre l'*h*, bien que cette lettre ne représente aucun son élémentaire, parce que l'Académie le conserve. Sans décrire le son de *l* mouillé, il invite à ne pas prononcer *travaille*, *Corneille*... comme *travaie*, *Kornéie*... et regrette de ne pouvoir accorder à Littré que « l'usage général soit de mouiller *l* dans *Avril*, *cil*, *fenil* », parce que l'Académie est d'un avis contraire, nonobstant d'ailleurs ses propres observations.

La nomenclature de Littré n'offre rien de personnel : celui-ci considère comme très fautif de dire *alieurs*, comme fautif de dire *ayeurs* pour « ailleurs », car il lui paraît encore possible de restituer la vraie prononciation de *l* mouillé : croyant pouvoir le faire, beaucoup de Parisiens restent convaincus qu'ils prononcent correctement cette consonne en disant *périlieux*, *alieurs*.

Nous n'avons donc rien à inscrire à l'actif des grammairiens du XIXe siècle ; ils reprennent à leurs prédécesseurs les définitions de la consonne, de la syllabe ; ils s'expliquent mal l'articulation évoluée et disparue de *l* mouillé, admettent de confiance l'*h* aspiré qui pourtant ne l'est plus, ne peuvent se résoudre à ranger parmi les consonnes les sons devenus fricatifs, depuis la fin du XVIe siècle sans doute, de *i*, *o*, *u*, *ou*, devant voyelle. Aucun, que nous sachions, même aux siècles passés, n'a songé à distinguer de façon précise les deux sons de *r*, pourtant bien sensibles : l'un dental et roulé, commun aux provinciaux, l'autre guttural et grasseyé, plus particulier aux Parisiens depuis le XVIIe siècle (1).

(1) De ce que, au XVIe siècle, *r* médial ou final avait permuté avec *z* ou *l*, Thurot en conclut que « la permutation serait difficilement explicable

Les seuls progrès qu'il convienne d'enregistrer, nous les devons en premier lieu aux dialectologues (1) : nombreux furent au milieu du siècle les amateurs de patois auxquels la perception de sons étrangers au français suggéra la pensée d'imaginer des descriptions et des notations nouvelles. En second lieu, les linguistes, appliqués soit à l'étude des langues romanes, soit à la comparaison des langues indo-européennes, durent se constituer des dénominations et des alphabets appropriés qui débordaient ceux de notre langue. Considérés dans cet ensemble nouveau, ceux-ci risquaient de n'être plus étudiés pour eux-mêmes : c'est aux phonéticiens qu'ils doivent d'avoir été de nouveau l'objet d'une observation séparée et méthodique.

Auparavant, la « Grammaire comparée » de Bopp (1833-1852) avait contribué surtout à faire adopter les principes de détermination et de classification des Hindous, en ce qui concerne les consonnes ; les travaux déjà cités des physiologistes Brücke « Grundzüge der Physio-

si l'*r* s'était toujours prononcée de la gorge, comme nous le faisons aujourd'hui à Paris » (II, p. 270). Il y eut donc aussi un *r* dental ; mais aucun grammairien n'a fourni de précision sur les points d'articulation de l'*r* fort ou faible. Nous pensons que l'*r* fut d'abord dental, et que son énergie articulatoire est passée peu à peu de l'avant-langue à l'arrière-langue.

(1) Au temps où nos dialectes étaient encore regardés comme des jargons, ceux d'Allemagne et des pays Scandinaves étaient l'objet d'enquêtes et de Traités. En 1887, fut fondée en France la « Société des Parlers de France », et parut la « Revue des Patois Gallo-Romans » ; en 1898 fut entreprise l'enquête d'Edmont pour « l'Atlas linguistique de la France » conçu par Gilliéron.

En Allemagne, Wenkel avait, depuis 1877, travaillé pour établir « l'Atlas linguistique de l'Empire Allemand ». En 1871, avait été fondée la « Société du dialecte anglais ».

logie und Systematik der Sprachlaute » (1856), et de Czermak, aidèrent à préciser le rôle des différents organes.

Toujours d'après Roudet (op. cit., p. 69), voici les aspects envisagés par les Hindous dans le classement de leurs consonnes :

I. — C'est le souffle qui produit, la glotte étant ouverte, les sons « sourds » de *p*, *t*, *k*, *f*, *s*.

C'est la « voix » qui produit, la glotte étant resserrée, les sons « sonores » de *b*, *d*, *g*, *j*.

II. — De la plus grande ouverture des organes articulants à leur fermeture, les sons émis sont les suivants :

a) *Voyelles*. . . . . . organes ouverts et sons de voix, glotte resserrée.

b) *Semi-voyelles*. . . . organes à demi ouverts, sons de voix, glotte resserrée (*y*, *r*, *l*, *v*).

c) *Spirantes* . . . . . organes rapprochés, non fermés; sons de souffle, glotte ouverte (*s*, *ch*).

d) *Occlusives* . . . . . organes en contact; sons de souffle, glotte ouverte (*p*, *t*, *k*); ou sons de voix sonores, glotte resserrée (*b*, *d*, *g*). Les uns et les autres peuvent être suivis d'une émission de souffle (aspiration), glotte ouverte (*ph*, *th*, *kh*), ou glotte à demi ouverte (*bh*, *dh*, *gh*).

III. — D'après l'organe producteur, les consonnes sont :

a) *Gutturales* . . . . . arrière-langue et voile (*k*, *kh*, *g*, *gh*, *n*).

b) *Palatales* . . . . . arrière-langue et palais dur (*k*, *kh*, *g*, *gh*, *n* mouillé, *ch*, *y*).

c) *Cérébrales* . . . . . avant-langue et sommet du palais (*t*, *th*, *d*, *dh*, *n*, *s*, *r*).

d) *Dentales*. . . . . . pointe de la langue et des dents (*t*, *th*, *d*, *dh*, *n*, *s*, *l*.

e) *Labiales* . . . . . . les deux lèvres (*p*, *ph*, *b*, *bh*, *m*, *v*).

Qu'est-ce que cette classification ajoutait de neuf à celles de nos grammairiens ? Ceci seulement : que les consonnes ont un son de *souffle* ou de *voix* propre ; que le jeu du larynx oppose les *sourdes* aux *sonores*, et en définitive, les fortes aux faibles. Des consonnes dites aspirées, les grammairiens français n'avaient pas eu à se préoccuper, puisqu'elles n'existaient pas dans notre langue.

Quant aux occlusives et aux spirantes, on sait que Beauzée les a expliquées par une explosion due, pour les premières, à une « *interruption totale de l'air sonore* », pour les secondes, à une « *interruption partièle de l'air sonore* » : tous nos grammairiens, par ailleurs, ont connu et enseigné leur classement en gutturales, palatales, dentales, labiales, liquides, nasales..., avec moins de sûreté toutefois que ceux de l'Inde.

Brücke reprend aux Hindous le classement des consonnes en explosives et spirantes sourdes ou sonores, aspirées ou non aspirées, aux grammairiens d'Europe les divisions en gutturales, dentales, labiales; mais il en fait une application méthodiquement contrôlée aux langues germaniques et romanes les plus connues, en ajoutant à la distinction des consonnes par l'*organe* leur distinction par ses *positions diverses*... Voici les 4 classes proposées par Brücke :

I. — **Explosives.**

Gutturales.	*sourdes*	k vélaire ou postérieur + a, o, u.
		k palatal ou antérieur.
		k laminaire + e, i (mouillé).
	sonores.	g vélaire + a, o, u.
		g palatal + e, i.
	aspirée.	k sourde.

Dentales. .	*sourdes*.	t alvéolaire (tant, taube).
		t cérébral (en sanscrit).
		t dorsal (en tchèque).
		t dental.
	sonores.	d alvéolaire.
		d cérébral.
		d dorsal.
		d dental.
	aspirée	t (sourde).
Labiales. .	*sourde*.	p (bilabial).
	sonore.	b.
	aspirée.	p sourd.

II. — **Spirantes.**

Gutturales.	*sourdes*	ch allemand + a, o, u (χ grec).
		ch allemand + e, i (ich).
	sonores.	g vélaire grec + a, o, o (γ).
		y palatal.
Dentales. .	*sourdes*.	s dur alvéolaire.
		s cérébral, ou sh, ch.
		s dur dorsal (sage, das).
		s interdental (th dur anglais).
	sonores.	s ou z alvéolaire.
		j (sonore du ch).
		z (zèle, lesen).
		z interdental (th doux anglais).
Labiales. .	*sourdes*	f fort et f doux (v allemand).
	sonores	w français, w allemand.
		ẅ (écuelle).

III. — **Liquides.**

Dentales. .	*sonores*.	l alvéolaire (loge).
		l vélaire (polonais).
		l mouillé.
		l dental.

IV. — **Trémulantes.**

Gutturales.	*sonore*	r uvulaire (provençal).
	sonores.	r alvéolaire.
		r cérébral (sanscrit).

V. — **Résonantes.**

Gutturales.	*sonores*	n vélaire après a, o, u.
		n palatal après e, i.
Dentales. .	*sonores*	n alvéolaire.
		n cérébral (sanscrit).
		n mouillé.
		n dental.
Labiale . .	*sonore*	m.

L'auteur s'est plu à découvrir des correspondances régulières entre les formes de chaque classe; en fait, la nature, qui agit avec plus de souplesse et de richesse aussi, n'attache point les articulations aux seules positions de tel ou tel organe, mais encore à leur collaboration synchronique ou non, à leurs mouvements, à leurs régions de contact, à leur tension musculaire... Malgré la rigidité du cadre, le tableau de Brücke actualisait pour ainsi dire celui des Hindous, et découvrait aux déterminations traditionnelles quelque peu théoriques et scolaires une base physiologique vivante et aisément observable (1).

Les études de Czermak sur les positions des cordes

(1) Parmi les ouvrages qui propagèrent les notions nouvelles, il faut citer de nouveau le « Visible Speech » de Bell (1867), repris et mis au point par Sweet (1877 et 1890), « Grundzüge der Phonetik » de Sievers (1876), les « Eléments de Phonétique Allemande, Anglaise et Française » de Viëtor (1884), ceux de Trautmann (1884), la « Phonetik » de Techmer (1880), le « C dans les langues romanes » de Charles Joret (1874).

vocales et le jeu du voile du palais (1857-1869) firent reconnaître, on l'a déjà dit, le concours précieux que les instruments pouvaient apporter à l'étude des articulations ; en expérimentant sur les organes vocaux, avec les enregistreurs de Marey, l'abbé Rousselot allait fournir à la phonétique des consonnes des précisions nouvelles.

CHAPITRE VI

L'enseignement des sons de consonnes au XXe siècle.

Dès 1887, Passy, dans son traité des « Sons du Français » proposait une définition et un dénombrement des consonnes fondés non plus sur les données traditionnelles, mais sur des faits bien observés de physiologie et d'acoustique.

Les consonnes sont désormais considérées comme « des bruits produits dans la bouche », et encore comme « des bruits accompagnés ou non par le son de la voix » qui résulte de la vibration des cordes vocales. D'où la distinction primordiale, aperçue certes dès le XVIe siècle, mais non expliquée avant que ne fût connu le système consonantique des Hindous, en consonnes dites *voisées*, dont le bruit est accompagné de la voix laryngienne, ou *soufflées*, dont le bruit n'est pas accompagné de la voix laryngienne.

Consonnes voisées : *v*, *z*, *j*, *b*, *d*, *g*... et *i*, *u*, *ou* devant voyelles (sonores et douces).

Consonnes soufflées : *f*, *s*, *ch*, *p*, *t*, *k* (sourdes, fortes).

Elles vont ainsi par paires ; en outre, ce n'est que par degrés insensibles qu'on passe de la voyelle *ou*, par exemple, à la semi-voyelle *w*.

Leur classification est fondée sur deux aspects : celui de leur *mode de formation*, et celui de leur *lieu d'articulation* (p. 88).

I. — D'après le **mode de formation**; elles sont :

Plosives : le passage de l'air est fermé, puis ouvert, comme pour une explosion; il y a un frappement ou bruit momentané : p, b, t, d, k, g.

Nasales : le passage de l'air est fermé, puis ouvert dans la bouche, mais le voile du palais reste baissé, et l'air passe par le nez : m, n, n guttural.

Liquides :

Latérale : le passage de l'air est fermé dans le milieu et ouvert sur les côtés : *l*.

Roulée : le passage de l'air est fermé et ouvert par une suite rapide de mouvements d'un organe élastique : *r*.

Fricatives : le passage de l'air est rétréci en un lieu, et donne un frottement continu : *f*, *v*, *s*, *z*, *ch*, *j*.

Elles sont prolongeables.

II. — D'après le **lieu de formation**, elles sont :

Labiales	p, b, m, f, v, w, ẅ.
Linguales	t, d, n, l, r, ch, j, s̆, z. (Pointe ou face linguale et dents.)
Palatales.	y, n (milieu de la langue et palais dur).
Vélaires	k, g (au commencement du palais mou); palatales d'arrière.
Uvulaires	r parisien (fond de la langue et luette).
Laryngales	h (glottales, entre les cordes vocales).

En tout, 21 consonnes en comptant les 3 semi-voyelles *y*, *w*, *ẅ* (i, o, u + voyelles). L'*l* mouillé a été éliminé par ce qu'il n'appartient plus au français du Nord; mais *h* est retenu parce que, s'il n'est pas connu à Paris, il est articulé dans quelques provinces, en Normandie, par exemple.

L'auteur explique aussi l'assimilation de la première consonne d'un groupe par la seconde (*observe*, *anecdote*

= *opserve*, *anegdote*); il n'ajoute rien aux règles déjà posées par Dangeau. Pour lui, la syllabe « est simplement un groupe de sons séparés des autres par une diminution sensible d'intensité, — diminution causée, soit par une diminution de la force du souffle, soit par la présence d'un son moins sonore entre deux sons plus sonores » (p. 58). En français, le centre d'intensité sonore d'une syllabe est une voyelle : autant de voyelles, autant de syllabes. C'est, expliquée plus clairement, la *reprise de voix* de l'abbé Girard et de Beauzée. Le point d'intensité minimum sépare donc les syllabes d'un mot : *acteur* se coupe *ac-teur* ; *ami* comme *a-mi*, du moins selon la coupe normale en français.

Désormais, le nombre des consonnes françaises est fixé ; tous les phonéticiens s'accordent pour admettre qu'elles sont au nombre de 20 ; que « le français ne possède plus ni l'*h* aspirée, ni l'*l* mouillée » (Rousselot : Précis, p. 54).

A propos de la première, cet auteur ajoute que, dans une prononciation énergique de mots comme *je hais*, *il est tout haletant*, au début desquels Domergue percevait une aspiration, « il semble bien que l'on ait là, moins un cas de survivance, que le simple résultat d'un effort purement organique (comparez « *hattention* » dans la bouche des cochers) ou la recherche d'un effet oratoire au théâtre et ailleurs ». La lettre *h*, au début des mots français, mais d'origine germanique, représente une ancienne aspirée : « Elle a cessé de se faire entendre, écrit M. Bruneau, mais les mots qui possédaient jadis un *h* initial ne se sont pas assimilés aux autres mots qui commencent par une voyelle : la tradition maintient devant ces mots l'absence de liaison » (Manuel de Phonétique, p. 52). Maintenir l'hiatus, tel est le rôle de la lettre *h* devant ces mots (1) ; cela

(1) L'*h* indiqua aussi de bonne heure l'hiatus à l'intérieur des mots : *trahir*, *envahir*, *cahot*, *ahuri*...

ne suffit point pour en faire une consonne, aucun bruit de frottement n'étant perçu.

Quant au **classement**, il dépend du point de vue préféré par l'auteur : il est *physiologique* et *acoustique* ; voici le tableau proposé par l'abbé Rousselot, dans son « Précis » (p. 54) :

I.	Semi-voyelles	y, w, ẅ.
II.	Vibrantes	r, l.
III.	Spirantes	v, f, s, z, ch, j.
IV.	Occlusives	p, b, t, d, k, g.
V.	Nasales	m, n, n mouillé.

M. Grammont les range ainsi (Traité de Pron. Franç. : p. 61 et suiv.).

I.	Semi-voyelles		y, w, ẅ.
II.	Sonantes		m, n, n mouillé, l, r.
III.	Spirantes :	*sifflantes*	s, z.
		chuintantes	ch, j.
		labio-dentales	f, v.
IV.	Occlusives :	*sourdes*	p, t, k.
		sonores	b, d, g.

Sur les aspects envisagés : *définition*, *dénombrement* et *classification*, les phonéticiens sont à peu près d'accord. Qu'en est-il de nos grammairiens qui consacrent encore quelques pages aux sons du français?

Il est visible qu'aucun de ceux qui s'adressent aux élèves des classes primaires ou secondaires ne s'est imposé la tâche de consulter sérieusement les manuels de Phonétique qualifiés ; ils sont, en outre, bien éloignés des traditions de leurs devanciers : nous n'avançons rien sans preuves.

La « Grammaire » déjà citée de Larive et Fleury partage les consonnes simples, au nombre de 21, non compris *y* et *w*, en 4 familles :

Labiales	p, ph, f, v, b, m.
Palatales	c, k, q, ch dur, g, gn, ch, j, ge.
Dentales	t, th, d, n, s, z.
Linguales	r, rh, l, ill.

Et un tableau, dont nous n'avons retrouvé nulle part l'équivalent, et qui ferait le désespoir du maître s'il prenait fantaisie à quelque élève de vouloir comprendre, nous apprend que chacune des 4 familles contient (p. 6) :

Des ténues	p, c, k, q, t, r.
Des aspirées ténues	ph, f, ch, th, rh.
Des moyennes.	b, d, g, l.
Des aspirées moyennes	v, ill.
Des nasales	m, gn, n.
Des sifflantes fortes et faibles . . .	ch, s, j, ge, z.

Pour MM. Maquet et Flot, il y a 20 lettres-consonnes, mais seulement 18 sons, dont *l* mouillé. La *durée de la prononciation* fait les explosives ou les continues (p. 22). Le dénombrement des voyelles de Brelet est pratiquement impossible ; pour lui, les nasales « se *prononcent un peu du nez* », expression que nous avons relevée dans l'exposé de Lévizac !

La Grammaire de l'Académie ne nous paraît ni plus curieuse, ni plus savante : « La consonne est un son produit par l'air qui, sortant du larynx, tantôt fait vibrer, tantôt ne fait pas vibrer les cordes vocales et qui, pour s'échapper de la bouche, rompt un obstacle » (1). Pas plus

(1) On a fait grief à la Grammaire de l'Académie d'appeler une con-

que celle des voyelles, la définition ne convient « soli definito », car le son en question peut répondre au grondement informe qui sort du larynx et s'entretient avec l'air de la voie nasale ou de la voie buccale, et aux voyelles chuchotées que la vibration des cordes n'accompagne pas, ou sonores qu'accompagne leur vibration.

Elle ne convient pas « toti definito », car l'air, dont on tient à dire sans preuves qu'il « fait vibrer, ou ne fait pas vibrer » les cordes, doit s'écouler par le nez, et pas seulement par la bouche, pour produire les nasales *m*, *n*, *n* mouillé. Ce n'est pas l'air, à coup sûr, qui « rompt l'obstacle » au sens actif du mot, mais bien plutôt l'obstacle organique qui interrompt ou entrave l'air, si fort qu'en puisse être le courant. Enfin, les formes explosives et fricatives des bruits ne paraissent pas annoncées par l'expression « rompt l'obstacle » qui est, explique-t-on, « soit la fermeture des lèvres, soit l'appui de la langue contre les lèvres ou les dents ou le palais » : or, la glotte, le voile, ferment le passage comme les lèvres et la langue ; ils le laissent aussi entr'ouvert, mais autrement que par un difficile appui « de la langue contre les lèvres » ! Il est vrai qu'on a découvert une articulation de ce genre chez quelques tribus indiennes de l'Amérique du Nord ! (Roudet, op. cit., p. 120).

sonne un son : dans la critique qu'il en fait dans le *Bulletin de la Société de Linguistique de Paris* (III, 3, 1932, p. 89), M. Oscar Bloch regrette qu'une « consonne continue à être définie un son ». Sur ce point, nous pensons, avec la Grammaire de l'Académie, qu'une consonne a tout ce qu'il faut pour être un son. C'était déjà l'opinion de Beauzée en 1767 ; n'en sont point encore convaincus ceux à qui la Phonétique et la Physique ne sont pas encore familières.

A la page suivante, c'est apparemment une distraction qui a fait diviser les consonnes « en sourdes et sonores suivant qu'elles font vibrer ou ne font pas vibrer les cordes vocales » : il fallait, ce semble, intervertir les mots et écrire « en sonores et sourdes », sauf le cas peu probable où l'on aurait voulu, à la faveur de la figure appelée « chiasme », faire un croisement de termes.

Font aussi appel aux notions de phonétique, les professeurs de chant; s'il est entendu que les paroles mises en musique doivent non seulement se chanter juste, mais encore se prononcer correctement et distinctement, qui donc, plus que le chanteur, a besoin de connaître et d'accommoder les résonances parlées aux tonalités chantées (1)? Or les renseignements désirables ne sauraient être demandés à une classification organique « fausse ou ambiguë », qui, selon la voyelle émise, se fonde tantôt sur le jeu des lèvres et la forme de l'orifice, tantôt sur le jeu de la langue et la forme de la cavité. De cette ambiguïté, d'abord inaperçue, naît une confusion qu'on n'ose s'avouer, et l'on se résout à comprendre l'incompréhensible.

La juste tonalité est œuvre laryngienne, l'articulation correcte est œuvre bucco-nasale; l'on ne tolère pas d'écart sur la première, mais l'on passe trop volontiers sur la seconde. Il est pourtant des chanteurs qui observent scrupuleusement les tons et les sons : aussi croyons-nous qu'il

(1) Avant le chanteur, le compositeur devrait aussi tenir compte des *tons de résonance* propres aux voyelles et de leurs affinités naturelles avec les *tons des voix* : les tons élevés répugnent aux voyelles graves, et vice versa. Ne pourrait-il aussi respecter l'étendue des tessitures?

existe aussi une méthode d'accord laryngo-buccale (1). Nombreux sont les traités consacrés à la meilleure manière de bien chanter ; faute de notions précises sur la physiologie de la voix et surtout la formation des résonateurs demandés par les résonances vocaliques, aucun ne se dégage d'un empirisme analysé superficiellement. Par ailleurs, nous n'en connaissons pas un qui se soit franchement inspiré de l'enseignement des grammairiens ou des phonéticiens sur la tonalité et les formes d'ouverture de bouche propres à l'émission correcte de chaque timbre vocalique (2).

Enfin, il y aurait intérêt évident à bien s'entendre sur l'acception des mots les plus usités : celui de *timbre* nous paraît désigner dans la bouche des phonéticiens autre chose que dans la bouche des chanteurs et des physiologistes. Pour les premiers, c'est, avant tout, la nuance qui caractérise à l'oreille chacune des résonances vocaliques éveillées dans les cavités sus-glottiques : il y a donc autant de timbres que de voyelles ; pour les chanteurs, c'est ce qui donne à une voix « la couleur, le relief, la personna-

(1) Le professeur Labriet était dans la bonne voie : nous pouvons en croire l'abbé Rousselot qui, après épreuve sur lui-même, le reconnut un « habile professeur de la prononciation dans le chant ». Sa théorie est résumée dans sa « Contribution à l'étude de l'émission vocale normale » (1927) faite en collaboration avec M. R. Husson. Elle n'en contribua pas moins à motiver l'expulsion de son auteur du Conservatoire de Nancy.

Signalons aussi de bonnes études sur le chant, avec enregistrement phonophotographique, à l'Université de Iowa, par MM. Metfessel, Seashore, Gray, Kwalwasser (1928, *Department of Psychology*).

(2) Ainsi, l'*a* de « je pars » est grave et ouvert pour L. Melchissédec (*Pour chanter*) ; pour Duclos et les phonéticiens, il est aigu, et fermé ou ouvert selon les auteurs. De même pour l'*o* de « faux », ouvert pour Lancelot, fermé pour les linguistes : il n'est assurément pas l'un et l'autre !

lité » (Education et Rééducation de la Voix chantée : par Mme Matha et G. de Parrel, p. 84) : en ce sens, il y a seulement autant de timbres que de chanteurs ou de voix. Appelons celui-ci « timbre vocal », et l'autre « timbre vocalique », à défaut de mieux.

Il arrive aussi aux physiciens, aux physiologistes, de s'intéresser aux sons du langage (1); ils devraient fournir d'autres références que celles de manuels scolaires, ou même d'ouvrages étrangers. A chacun son métier : depuis un demi-siècle, c'est aux phonéticiens qu'il appartient, de fait et de droit, de traiter des sons de la langue; plus qualifiés sont ceux de France pour les sons du français, ceux d'Allemagne pour les sons allemands, ceux d'Angleterre, d'Espagne, d'Italie, pour les sons anglais, espagnols, italiens.

(1) Parmi les physiologistes qui ont traité de la voix humaine parlée ou chantée, il nous plaît de signaler le Dr Thooris, qui fut collaborateur de l'abbé Rousselot. Dans son ouvrage déjà cité, *Le Chant Humain* (1927), il aborde en expérimentateur averti les phénomènes organiques, physiques et psychiques qui interviennent dans l'acte vocal. Il est d'avis que, pour conserver « la note juste et l'homogénéité de sa tessiture » (p. 236), le chanteur doit sacrifier les timbres justes des voyelles à la hauteur musicale : par exemple, au lieu de s'appliquer à émettre les 22 variétés françaises, il s'en tiendra aux 7 nuances types *a, e, i, o, ou, eu, u*, dont il accommodera plus aisément les résonateurs.

CONCLUSION

Au cours de ce travail, nous avons consulté les plus notables et les plus écoutés des grammairiens français qui furent, du XVIe siècle au XIXe, les « greffiers du bon usage », et nous leur avons laissé le soin d'exposer eux-mêmes leur enseignement des sons de notre langue.

Le lecteur, qu'un louable courage et la curiosité de savoir auront soutenu et conduit jusqu'à cette conclusion, est maintenant préparé, semble-t-il, à comprendre, sinon à fournir notre réponse à la question suivante : sur les points qui ont retenu notre attention, *définition*, *dénombrement*, et *classement* des voyelles et des consonnes, justice a-t-elle été rendue à nos vieux grammairiens par ceux qui, depuis plus d'un demi-siècle déjà, se partagent leur tâche, notamment les linguistes, les phonéticiens, les grammairiens eux-mêmes?

Nous répondons : non. Car les uns et les autres les ignorent encore pratiquement. Est-il besoin de le souligner? S'il est possible d'expliquer cette ignorance, il est malaisé de la justifier. C'est le moment de rappeler brièvement ce que tous, à les mieux connaître, nous aurions pu apprendre et nous dispenser de rechercher souvent bien loin, en tout cas de retrouver tardivement.

Les éléments qui concourent à définir une **voyelle** sont d'origine acoustique, physique et physiologique.

Les Grecs et les Latins ont donné la première place à l'élément *acoustique*; étant humanistes, les grammairiens du XVIe siècle firent de même. Mais le son propre ou timbre d'une voyelle peut affecter l'oreille diversement, et paraître soit simple ou complexe, soit oral ou nasal, soit clair ou sourd ou sombre, soit long ou bref, soit fort ou faible, soit enfin grave ou aigu.

Ont saisi le premier aspect, et distingué d'après la « simplicité du son » la voyelle de la diphtongue, tous les grammairiens : quelques-uns cependant, trompés par l'écriture, tardèrent à reconnaître un son simple dans les graphies *au*, *eu*, *ai*; d'autres n'en pouvaient saisir deux dans *oi*, *ui*.

Peletier du Mans distingue l'*e cler* et l'*e sourd*; Sylvius l'*e plein* et l'*e faible*, *débile* : pour cette raison, le premier était considéré comme plus viril et « *masculin* », le second comme « *féminin* ». Cette détermination, trop vague pour classer tous les sons des voyelles, fut délaissée par les grammairiens; aujourd'hui, on retrouve dans le vocabulaire des professeurs de chant les termes de *a*, *o*, *clairs* ou *sombres*, désignant moins un timbre vocalique qu'un timbre simplement vocal.

La détermination des voyelles nasales est chose faite au XVIIe siècle; Dangeau reconnaît que *a*, *e*, *o*, *i*, *eu*, sont susceptibles d'être nasalisés; on s'accorda bientôt pour ne plus distinguer *in* de *en* ou *ain*.

Dès le XVIe siècle, on fit appel à une détermination qui avait l'avantage, aux yeux des latinistes, de transposer dans le français les mètres des anciens : celle de la durée *longue* ou *brève* des voyelles, qui fut admise au début par tout le monde, poètes et grammairiens. Bientôt délaissée par les premiers, elle fut conservée par l'ensemble des grammairiens jusqu'à nos jours ; Restaut, d'Olivet, s'en tiennent même à ce caractère pour distinguer les nuances des voyelles françaises. Lancelot, Duclos, Fromant firent observer avec raison que la nuance d'un son est indépendante de sa durée perçue ou quantité : sont également longs en effet, les *a*, *e*, *o*, *eu* clairs de « tard, or, air, peur » et les *a*, *o*, *e*, *eu* sombres de « mât, hôte, fée, neutre ». Nos grammairiens n'en continuent pas moins de trouver la distinction satisfaisante.

Un troisième aspect répond aux dénominations de *fort*, *faible* ou *doux*, qui, à l'insu de leurs auteurs, désignent une impression de force musculaire, autrement dit une certaine intensité. Restaut, nous l'avons vu, fut le premier à ne pas discerner nettement l'intensité de la quantité : « sont longues, dit-il, les voyelles sur lesquelles on appuie plus ou moins en les prononçant ». Roche en fait même une application risquée : il oppose en effet les *a*, *e*, *i*, *o*, *u*, *ou*, brefs et faibles, aux *a*, *e*, *i*, *o*, *u*, *ou*, allongés et forts. Mme Dupuis, au siècle dernier, trouve, de son côté, que *a*, *o*, *eu* ont un son doux dans « Canada, or, cœur », et un son fort dans « mât, chose, lieue ». Aujourd'hui, ces dénominations ne se rencontrent plus que dans les manuels scolaires ; elles ne sont pas plus essentielles à la notion du timbre des voyelles que celle de la durée.

Un quatrième aspect est enfin envisagé, dans la perception de la tonalité *aiguë* ou *grave* du son propre à chaque voyelle : le degré d'acuité touche plus intimement à la nuance ou timbre de la voyelle, parce que la résonance de la cavité de la bouche qui la constitue essentiellement est due à la prédominance dans le composé sonore issu du larynx de telle ou telle note de hauteur déterminée : discerner cette note à l'oreille, ce fut l'exceptionnel mérite de Boindin au début du XVIIIe siècle, et, à sa suite, de Duclos, Boulliette, de Wailly, Demandre, Fromant, Lévizac, N. Landais, Féline. Ce n'est qu'avec l'aide des instruments et d'analyses compliquées, que les phonéticiens découvrirent ce que nos grammairiens d'autrefois avaient enseigné, et ce que linguistes et grammairiens d'aujourd'hui continuent de négliger.

Cet aspect n'est autre que l'élément *physique* considéré subjectivement, c'est-à-dire dans la sensation tonale que provoque un ébranlement vibratoire de telle ou telle fréquence à la seconde. Sans doute, avant Helmholtz, la notion de résonance vocalique était inconnue; il faut cependant marquer les efforts de quelques savants pour expliquer la formation des sons de voyelles : on savait qu'un son était complexe et comportait des sons partiels. En adjoignant au son d'un tuyau les sons d'autres tuyaux accordés entre eux à l'octave et à la quinte, les fabricants d'orgues le rendaient ainsi plus fourni et plus plein. L'on reconnaissait à la cavité flexible et variable de la bouche un rôle prépondérant; dans son « Discours physique de la parole » (1668), un certain G. de Cordemoy, dont l'unique mérite est d'avoir fourni à Molière la leçon de grammaire du maître de philosophie à M. Jourdain, remarque que « la bouche est taillée de sorte que ses sons venant à s'y entonner reçoivent différentes terminaisons, selon les différentes manières dont elle s'ouvre » (p. 70). Le président de Brosses (Traité de la formation méchanique des Langues : 1765) reprend l'explication : « L'image de la voix est un entonnoir flexible dont on diminue à volonté les deux diamètres pour dégrader le son voyal » (p. 114). La voix pleine et entière est celle de *a*, « où la corde est tenue dans toute sa longueur depuis la gorge aux lèvres ». Comme la corde est divisible à l'infini, les variations de la voyelle sont aussi infinies.

Manquant d'une base certaine qui est l'analyse des vibrations de l'air contrôlée par l'instrument, ces explications ne pouvaient être satisfaisantes ; l'on perçut donc, mais avec une rare exactitude, les effets avant d'en découvrir les causes ; retenons que les grammairiens du XVIIIe siècle étaient doués d'une oreille singulièrement affinée, tout autrement délicate que la nôtre (1).

Sur l'élément *physiologique* dont le fondement est l'ouverture de la bouche, l'entente, semble-t-il, était plus aisée ; il n'en fut rien cependant, car les uns considérèrent à la suite de Meigret le jeu des lèvres (orifice) pour les *o*, les *ou* et les *eu* ; celui de la langue (cavité) pour les *a*, *e*, *i* ; les autres, à l'exemple de Lancelot, n'envisagèrent que la cavité pour toutes les voyelles. D'où une double classification : en adoptant de nos jours celle de Meigret, les linguistes et les phonéticiens rompent avec la tradition des grammairiens du XVIIIe siècle, et entretiennent des confusions regrettables.

(1) On remarquera que cette époque fut aussi celle de la musique classique.

Des caractères du son vocalique définis et enseignés au XVIIIe siècle, simplicité, clarté, durée, acuité, et cavité de résonance (1), les linguistes et les phonéticiens du XXe méconnaissent encore pratiquement les deux plus essentiels : l'acuité et la cavité de résonance ; ils doivent à l'anglais Bell la détermination organique des voyelles « mixtes » *eu*, *u*, que Dangeau avait entrevue

*
* *

La définition des **consonnes** est également demandée aux trois éléments acoustiques, physiques et physiologiques. Dans l'enseignement qui en est donné, quel est l'apport des grammairiens d'autrefois, quel est l'apport des linguistes et des phonéticiens d'aujourd'hui ?

Du point de vue *acoustique*, le bruit qui constitue le son des consonnes est, nous l'avons vu, explosif ou fricatif, simple ou complexe, instantané ou prolongeable, fort ou faible, ou doux, dur ou mouillé, sourd ou sonore, oral ou nasal, aspiré ou non.

Jusqu'à Beauzée, la consonne fut définie une articulation ou mouvement n'ayant d'effet sonore que grâce à une voyelle d'appui, en sorte que, si celle-ci manquait dans l'écriture, elle n'en devait pas moins exister dans la prononciation : Strasbourg se prononçait forcément Seteraseboure. Explicable à la rigueur pour les explosives ins-

(1) Les éléments qui constituent l'accent du mot ou de la phrase, la *quantité*, la *hauteur musicale*, l'*intensité*, ne leur furent point étrangers ; mais on n'en put saisir et analyser plus tard les valeurs *objectives* que par l'enregistrement.

tantanées, *p*, *t*, *k*, *b*, *d*, *g*, pareille définition ne l'était plus pour les fricatives prolongeables, *f*, *v*, *s*, *z*, *ch*, *j*, *l*, *r*, et les nasales *m*, *n*, *gn*, dont le son propre suffit à les dénommer, sans le secours d'une voyelle. Mais, croyant que cette définition des consonnes proposée par les grammairiens latins de basse époque représentait la tradition des Grecs et des Latins eux-mêmes, Meigret la reçut de confiance, et après lui, jusqu'à nos jours, les grammairiens et même des linguistes, pour qui les démonstrations de Beauzée sont restées lettre morte. Le mérite des phonéticiens et des physiciens, sur ce point, se borne donc à mieux expliquer et à propager, sans s'en douter, l'enseignement de Beauzée.

La simplicité du son comme critère d'une consonne fut reconnue dès le XVIe siècle : de Bèze élimine de sa liste les lettres à double son, comme *x*, ou faisant double emploi, *q*, *k*, *ç*, *s*. Il fallut, néanmoins, un certain temps pour en convaincre les grammairiens portés naturellement à confondre avec la lettre le son de la consonne.

De tout temps, semble-t-il, une distinction fut perçue entre *p*, *t*, *k*, *f*, *s*, *ch*, d'une part, et *b*, *d*, *g*, *v*, *z*, *j*, d'autre part, les premières passant pour *fortes*, les secondes pour *faibles* ou douces; ce n'est pourtant qu'à la fin du XVIIe siècle, que la distinction, fondée sur l'impression de l'effort musculaire, et non plus, comme chez les Grecs, sur la force du soufflé émis, fut nettement établie : le tableau de Dangeau n'eut pas à être modifié par les phonéticiens. Ceux-ci apprirent seulement des Hindous, avant de l'observer expérimentalement, que les consonnes articulées faiblement étaient sonorisées par la vibration des cordes vocales, tandis que les autres ne l'étaient pas. Encore est-il à propos de rappeler « la petite émission de vois » que Dangeau entendait dans l'émission des faibles; mais il n'en est plus soufflé mot par les grammairiens jusqu'à la fin du siècle dernier.

La mouillure de *l* et de *n* est signalée dans l'écriture depuis le xe siècle; ce caractère a été reconnu par Boindin, sous le nom de mouillé faible, au *y* ou *ï* de *payer*, *ayeux*, *naïade*, celui de *l* et de *n* représentant le mouillé fort. Mais le mouillé fort de *l* est à son tour signalé comme faible, équivalent de *y*, par Hindret à Paris, dans la seconde moitié du XVIIe siècle; depuis lors, l'affaiblissement s'est étendu à tout le pays de langue d'oïl. Il est encore des grammairiens qui n'ont pas remarqué la substitution vieille de deux siècles, et qui continuent d'appeler *l* mouillé ce qui n'est plus qu'un *y*, ou un *li*. Sur ce point, les phonéticiens n'eurent donc qu'à enregistrer la remarque d'Hindret et l'enseignement des grammairiens qui s'en inspirèrent.

De tout temps aussi, l'oreille distingua les nasales *m*, *n*, des orales; elle reconnut de même le son de l'aspirée *h* venu du gosier, mais il est certain aussi que le simple hiatus demandé par *h* initial de quelques mots fut confondu avec l'aspiration; il l'est même encore par beaucoup de professeurs de prononciation. Par contre, l'aspiration des consonnes telles que *p*, *t*, *k*, *b*, *d*, *g*, normale dans certaines langues, resta inconnue de nos grammairiens qui n'avaient point l'occasion de l'observer en français.

Enfin, au cours du XVIIIe siècle, s'ajoutèrent à la liste des consonnes les trois semi-voyelles *i*, *u*, *ou*, la première comme équivalente de *y* (pied, lion), les deux autres comme jouant un rôle analogue (lui, ouate). Il en résulte que le nom de diphtongue est faussement attribué aux groupes commençant ou finissant par *i*, *u*, *ou*, puisque ces voyelles sont devenues consonnes en cette position.

L'élément *physique* des consonnes est encore mal connu, parce que leurs notes composantes, en séries irrégulières, sont difficilement analysables. En cette matière, les phonéticiens ont donc tout à faire, ou peu s'en faut.

Sans avoir été méthodiquement abordée par les grammairiens d'autrefois, la *physiologie* de l'articulation des consonnes était pourtant constituée quand ils ont passé la main aux phonéticiens : les points ou régions d'articulation sont en effet attribués avec exactitude dans les tableaux de Dangeau, Beauzée, Demandre, Roche, N. Landais ; moins précises sont les modalités des articulations, faute d'instruments de contrôle ou de repère ; nous n'en avons pas moins signalé souvent l'heureuse description des mouillées *l* et *n* dès le XVIe siècle (St Liens) opposées aux dures correspondantes *l* et *n*, le caractère labiodental de *f* et *v* exactement traduit par Ramus, le son faible et amolli de *qu* et *gu* devant *e*, *i*, dans certains mots, fort clairement décrit par Boindin...

Mettons enfin au compte de nos vieux grammairiens l'observation d'une assimilation entre fortes et faibles au profit de la seconde, quand elles sont groupées par deux (Dangeau), et une règle générale du maintien de l'*e* muet après deux consonnes différentes et consécutives (Roche).

Voilà réuni, ce semble, le dossier désiré pour que justice soit rendue aux grammairiens des siècles passés, et pour que soit appréciée plus justement la part qui leur revient dans l'enseignement de la phonétique du français. Sans doute, la pensée ne leur est pas venue que les sons d'une langue dépendaient, non pas du caprice des hommes, mais de lois fondées sur les faits de la vie elle-même des peuples et des groupes sociaux ; les comparaisons qu'ils ont pu faire restaient limitées et superficielles ; mais il n'est pas douteux que les grammairiens d'élite, qui ont illustré la seconde partie du XVIIIe siècle, étaient admirablement préparés à comprendre les développements que la linguistique comparée allait donner à leur enseignement. Ils furent des phonéticiens avant la lettre, et il fallut à ceux de notre temps rien moins que des instruments perfectionnés, et le concours des sciences physiques et physiologiques, pour retrouver ce que l'oreille et quelques observations avaient jadis appris. Encore s'en faut-il de beaucoup que les instruments aient aujourd'hui réalisé le parfait accord.

Reconnaissons que ce ne sont plus les consonnes qui séparent aujourd'hui les doctes d'entre les linguistes et les phonéticiens : ce sont surtout les voyelles; la raison la plus pertinente en est sans doute encore celle que donnait Milleran en 1692 : « La pluspart des grammairiens n'étant pas des Provinces où l'on prononce bien nôtre Langue, ne sont pas capables de dōner d'eux-mêmes de bonnes Regles de la prononciation qui est la partie la plus essentielle, ni par conséquent de bien enseigner. »

TABLE DES MATIÈRES

A. Maretheux et L. Pactat, imp., 1, rue Cassette, Paris. — 1933.

ERRATA

Page 10. *Au lieu de* : au XIXe siècle : F. Passy, *lire* : **P. Passy.**

Page 40. Appendice, ligne 19, *au lieu de* : s'appariente, *lire* : **s'apparient.**

Page 99. Tableau des voyelles, *série nasale*, *au lieu de* : õè = 1352, *lire* : **õè = 676.**

Page 120 A la lettre *x*, *au lieu de* : *creus*, *lire* : **crueus.**

Nota bene. — La nouvelle édition de la *Grammaire de l'Académie*, qui vient de paraître, a reçu quelques corrections heureuses intéressant le chapitre des sons et des lettres. Nos remarques s'appliquent donc à la première édition.